Bibliografische Information der Deutschen Nationalbibliothek:

Die Deutsche Nationalbibliothek verzeichnet diese Publikation

in der Deutschen Nationalbibliographie; detaillierte bibliografische

Daten sind im Internet über http:// dnb.dnb.de abrufbar.

Verlag:

BoD · Books on Demand GmbH, Überseering 33,

22297 Hamburg, bod@bod.de

Druck:

Libri Plureos GmbH, Friedensallee 273, 22763 Hamburg

ISBN: 978-3-8192-6256-2

Dank

Allen Personen und Institutionen, die diese Publikation unterstützt haben, spreche ich hiermit meinen herzlichen Dank aus.

Ittigen b. Bern, im März 2025   Dr. Heinz J. Moll

Inhaltverzeichnis

Auf ein Stichwort- und/oder Namensverzeichnis wurde bewusst verzichtet, da die Kapitelunterteilung bereits eine Systematik aufweist, die das Auffinden von bestimmten Daten erleichtern soll und die Suche auf der alleinigen Basis von Namen wenig Sinn macht, weil in der Vergangenheit ausserordentlich viele Personen denselben Vornamen oder Kombinationen davon getragen haben, die eine eindeutige Zuweisung bzw. Identifikation praktisch verunmöglichen. Dafür benötigt man in der Ahnenforschung in der Regel mehrere Indizien, die nicht durch einfaches Nachschlagen eines einzigen Merkmals umgangen bzw. ersetzt werden können.

Abkürzungen und Symbole:

BE	Bern
Btz.	Batzen
DNA	Deoxyribonucleic Acid (engl.)
DNS	Desoxyribonukleinsäure; deutscher Terminus für DNA
eidg.	eidgenössisch
(E)Gde.	(Einwohner-)Gemeinde
fl	florenus, Gulden
get.	getauft
HLS	Historisches Lexikon der Schweiz
Jh.	Jahrhundert
Kt.	Kanton
lat.	lateinisch
NN	Nomen Nominandum ("der Name ist [noch] zu nennen", bzw. ist [noch]unbekannt)
RM	Ratsmanual
SHAB	Schweizerisches Handelsamtsblatt
SO	Solothurn
verst.	verstorben
v. C.	vor Christi Geburt
n. C.	nach Christi Geburt
⚔	Schlacht
*	Geburtsjahr
+	Todesjahr
∞	Jahr der Vermählung
♀	weiblich
♂	männlich

Fotos:

Sämtliche Fotografien, für die nicht eine anderslautende Quelle angegeben ist, stammen vom Autor.

Vorwort

Die Frage nach ihrer Herkunft hat die Menschen schon immer beschäftigt. Insbesondere gilt dies für die eigene Familie und deren Vorfahren.

Im Rahmen der Suche nach meinen eigenen Vorfahren ist im Verlauf der Zeit so viel Material zusammengekommen, dass ich mich dazu entschieden habe, eine grossen Teil davon der interessierten Öffentlichkeit zugänglich zu machen.

Das vorliegende Werk ist eine Zusammenstellung von Daten und Fakten, die den Weg der Roth-Familien, Vorfahren von mir mütterlicherseits, die in den Amteien Solothurn-Lebern, Thal-Gäu und Dorneck-Thierstein heimatberechtigt sind, von der Vergangenheit bis in die heutige Zeit aufzuzeigen versucht.

Ausgewählte Stellen aus Publikationen über die solothurnische und bernische Geschichte und die Genealogie weisen die Interessierten auf weiterführende Literatur hin, wo detaillierte Informationen in Wort und Bild zu finden sind.

Ich hoffe, mit diesem Beitrag zur Geschichte der Familie Roth die Zahl der Interessierten für die Herkunfts- und Familienforschung, der sogenannten "Genealogie", steigern zu können und wünsche allen Lesenden eine vergnügliche Entdeckungsreise!

Der Autor

1. Einleitung

In der Nacht vom 10. auf den 11. November 1382 ist der Rumisberger *Hans Roth* von Wiedlisbach über Oberbipp, Rumisberg, Kammersrohr, Hubersdorf und Rüttenen in die Ambassadorenstadt gerannt, um eine von den Kyburgern geplante Mordnacht zu verhindern.

Vorausgegangen war ein Treffen im Gasthof «Schlüssel» in Wiedlisbach, wo sich Graf Rudolf von Kyburg mit seinen Verbündeten zur letzten Verabredung zusammenfand. *Hans Roth von Rumisberg* belauschte unbemerkt die Spiessgesellen vom Ofensitz der Wirtsstube aus, indem er sich schlafend stellte; dann eilte er auf Nebenwegen nach Solothurn und warnte die Stadt, so dass der Überfall vereitelt werden konnte. Zum Dank beschloss die Obrigkeit, dem Ältesten des Geschlechtes alle zwei Jahre ein Ehrenkleid in den Stadtfarben und eine Pension zu schenken - ein Brauch, der sich in nur leicht veränderter Form bis heute erhalten hat. Auch der «Hans Roth-Gedenklauf», ein früher jedes Frühjahr stattfindender Waffenlauf, ein Volkstheaterstück von Xaver Amiet, der Gedenkbrunnen mit dem Standbild von *Hans Roth in Rumisberg*, sowie ein Wandgemälde im «Schlüssel» zu Wiedlisbach von *Helene Roth* erinnern an die Geschichte vom Retter Solothurns.[1]

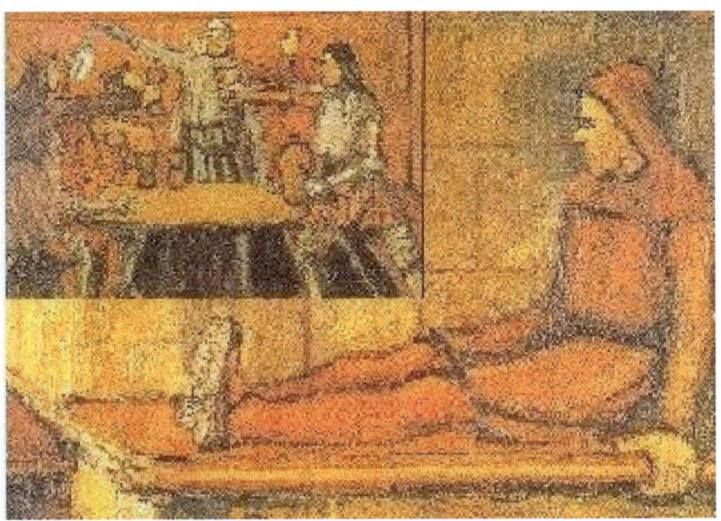

Abb. 1 Hans Roth im Gasthof «Schlüssel» zu Wiedlisbach (Ausschnitt aus einem Gemälde von Helene Roth, Wangen)

---

[1] Freiburghaus Ruth, Wiedlisbach – Idyll am Jurafuss, S. 15 (1976)

Im vorliegenden Werk werden Daten und Fakten aus den Geschichten der Roth-Familien mit Ehrenkleidträgern zusammengetragen. Die Dörfer werden aufgeführt, in denen die Roth heimatberechtigt sind bzw. waren und es wird auch über die Wappen der Roth-Familien berichtet. Das geschichtliche Umfeld, in dem diese Menschen gelebt haben, wird aufgezeichnet und mit Grafiken und Bildern illustriert.

Abb. 2 Blick auf Rumisberg Richtung Süden. Auf der linken Seite ist zudem in der Ferne das Städtchen Wiedlisbach zu erkennen, wo Hans Roth seinerzeit im Gasthof Schlüssel die Kyburger und deren Verbündete belauscht hat. [2]

2. Geschichtliches Umfeld

Es liegt auf der Hand, dass der Gang der Geschichte auch die Geschicke derjenigen Teile der Familie Roth beeinflusst hat, die als Nachkommen von Hans Roth am Jurasüdfuss östlich von Solothurn, im Thal, im südlichen 'Schwarzbubenland' und in Mümliswil heimatberechtigt sind und zu einem grossen Teil auch heute noch dort leben. Deshalb werden im Folgenden die wichtigsten Ereignisse und Eckdaten aufgeführt, die sich seit der Zeitenwende in dieser Region abgespielt haben bzw. von nennenswerter Bedeutung sind. Die Auflistung der historischen Ereignisse stellt jedoch absolut keinen Anspruch auf Vollständigkeit: Dies würde den Rahmen dieses Buches bei weitem sprengen.

Mit dem Beginn des 17. Jh. liegen dann die ersten Einträge der Tauf-, Eheschliessungs- und Todesdaten von Rothschen Namensträgern in den Pfarrbüchern der betreffenden Gemeinden vor, auf deren Basis die Genealogie der Roth-Familien mit den entsprechenden Nachkommenbäumen (s. Kap. 4) generiert werden konnten.

2.1. Die Kelten

Die Kelten waren ein indoeuropäisches Volk der Antike, welches ursprünglich aus dem Alpenraum und den angrenzenden Regionen stammte. Von

---

[2] Foto: Website der Burgergemeinde Rumisberg [burgergemeinderumisberg.ch]

dort aus verbreiteten sich die Kelten in vielen Gegenden Europas, vor allem in ganz Westeuropa. Durch genetische Studien können wir die Kelten heute nicht nur sprachlich und kulturell von ihren Nachbarvölkern unterscheiden, sondern auch anhand ihrer DNA.[3]

Ein grosser Teil der schweizerischen Bevölkerung hat keltische Vorfahren. Die Kelten wurden vor über 2000 Jahren vom römischen Feldherrn Julius Gaius Caesar wieder zurück an ihre Ausgangsorte geschickt, nachdem er diese in der Schlacht bei Bibracte (58 v. C.) ⚔ auf dem Territorium des damaligen Galliens und des heutigen Frankreichs geschlagen hatte. Um Versuchungen einer "Rückkehr nach Hause" zu verhindern, hatte der keltische Stamm der Helvetier vor dem Verlassen seiner Heimat Haus und Hof niedergebrannt. So waren unsere keltischen Vorfahren nach der Wiederankunft in den kurz zuvor verlassenen Gegenden gezwungen, eine neue, dauerhafte Infrastruktur aufzubauen.

Abb. 3 Das Leben in einem keltischen Dorf   [Quelle: keltenwelt-rhoen.de]

Die Zeit nach der Rückkehr der Helvetier an ihre Ausgangsorte ist als "pax romana" in die Geschichte eingegangen. Darunter wird die über 200 Jahre anhaltende innere Friedenszeit, eine lange währende Zeit von innerem Frieden, Stabilität, Sicherheit und Wohlstand im Römischen Reich bezeichnet, die 27 v. Chr. mit der Herrschaft des römischen Kaisers Augustus begann und mit dem Tod Mark Aurels 180 n. Chr. endete.

Viele archäologische Funde sind Zeugen der Zeit, als die Kelten in den heutigen solothurnischen Landen und deren Nachbargebieten gelebt und dadurch Ihre Spuren hinterlassen haben. Für detaillierte Informationen zur Geschichte der Kelten, ihre Lebensweise und Kultur sei auf die einschlägige Literatur verwiesen.

2.2.   Die Zeit der römischen Herrschaft

Unter den Römern (58 v. C. – 450 n. C.) gelangte das schweizerische Mittelland zu kultureller Blüte. Zahllose Funde aus dieser Zeit bezeugen, dass gerade auch am Jurasüdfuss und im Thal römische Siedlungen

---

[3] Moll Heinz J., Herkunft und Geschichte der Moll-Familien im Kanton Solothurn, S. 137 (2019)

bestanden haben. Auch die dazu gehörigen Verkehrswege haben ihre Spuren hinterlassen.

Im 3. Jh. n. C. wurde allerdings im Norden der von den Römern gebaute Grenzwall (der sog. Limes) zwischen Rhein, Main und Donau von den germanischen Alemannen durchbrochen. Die Schweiz wurde Grenzland des römischen Imperiums, eine doppelte Verteidigungslinie an Rhein und Jura-Aare bildete nun das Bollwerk gegen die germanischen Stämme.

Gegen Ende der römischen Besetzungszeit drang da und dort das Christentum in die Schweiz ein. Kleinste christliche Gemeinden überdauerten den Sturm der Völkerwanderung bis zur Christianisierung unseres Landes durch irische Mönche im 7. Jahrhundert.

Abb. 4 Bei Rettungsgrabungen am Hang von Attiswil (BE) hat der Archäologische Dienst des Kantons Bern (ADB) die Mauern eines römischen Gutshofs und Spuren einer bronzezeitlichen Siedlung aus dem 13. Jh. vor Christus freigelegt.[4]

Für etwa 150 Jahre blieb die Schweiz Grenzland mit militärischer Besetzung. Der Zerfall des römischen Reiches öffnete dann aber der alemannisch-germanischen Einwanderung die Tore.[5]

Die 1958–1960 untersuchten archäologischen Spuren in der Kirche Oberbipp wurden nach der Grabung unter einer Betondecke in der heutigen

---

[4] Foto: ADB [auf archaeologie-online.de] (2011)
[5] Schaffer Fritz, Abriss der Schweizer Geschichte, S.11ff; Verlag Huber, Frauenfeld (1972)

Kirche sichtbar belassen. Erst 2002 wurden sie konserviert und mit einem 70 m langen Parcours erschlossen (s. *Abb. 5 und 7*).

2.3. Alemannen, Franken und Burgunder

Nach dem schweizerischen Philologen und Namensforscher Prof. Bruno Boesch kann die Bezeichnung „Alemannen" am wahrscheinlichsten wie folgt erklärt werden: „Menschen oder Männer insgesamt, im Gesamten genommen". [6]

Es ist unsicher, wann die „Geschichte" der Alemannen begann, wann sie – wenn überhaupt – endete und wo in der Frühzeit die Grenzen des Territoriums der Alemannen, die *Alemannia*, lagen. Es gibt auch keine eindeutige Festlegung oder Definition, wer Alemanne war und wer nicht. Heute sind viele Historiker grundsätzlich der Meinung, dass die „Volkwerdung" der Alemannen erst auf dem Boden des neuen Siedlungsgebietes zwischen dem Rhein und dem römischen Limes (s. obiges Kapitel) geschehen ist. - Zudem erscheint es unbegründet, sie als „Stamm" im Sinne einer Abstammungsgemeinschaft zu bezeichnen, da keinerlei Indizien für ein gemeinsames Stammesbewusstsein, für Mythen gemeinsamer Abstammung oder für sprachliche Gemeinsamkeiten überliefert sind.

Von den meisten Forschern wird heute angenommen, die Alemannen seien, zumindest in ihrem Kern, Sueben („Schwaben"), also ursprünglich Angehörige einer älteren, bei Gaius Julius Caesar und dem römischen Geschichtsschreiber Tacitus gut bezeugten Völkergruppe. Die von den Historikern dafür beigebrachte Begründung beruht allerdings auf Quellenaussagen aus späterer Zeit: Es ist die Gleichsetzung von Sueben und Alemannen, die in den Schriftzeugnissen seit dem 6. Jh. begegnet. Die Namen „Alemannen" und „Schwaben" wurden im Früh- und Hochmittelalter synonym verwendet, bis sich schliesslich die Bezeichnung „Schwaben" durchsetzte und der Name der Alemannen vom 12. Jh. ab allmählich in Vergessenheit geriet.

Die Sprachwissenschaft und die Archäologie gehen beide übereinstimmend davon aus, dass die Alemannen ursprünglich *Elbgermanen* waren, ihre Heimat also im Mittelelbe-Saale-Gebiet hatten. Da dort die Heimat der germanischen Semnonen, des ältesten Stammes der Sueben, war, scheint die Vermutung, Alemannen seien identisch mit den Semnonen oder zumindest in ihrem Kern Semnonen, von Seiten der Nachbardisziplinen ihre willkommene Bestätigung erfahren.

---

[6] Geuenich Dieter, Geschichte der Alemannen, S. 10ff; Verlag W. Kohlhammer, Stuttgart (2005)

Als Landwirte bevorzugten die Alemannen Hof- und offene Dorfsiedelungen. Sie legten damit den Grund zur dörflichen Kultur.[7]

Nach allem, was wir von der römischen Herrschaft in der Schweiz wissen, was auch die Orts- und Flurnamen in der Nordwestschweiz nahelegen, kann kaum eine umfassend und endgültige Besiedlung unserer Heimat durch die Alemannen vor dem 5. Jh. erfolgt sein.[8]

Entscheidend für das Schicksal der alemannischen Völker war die Konfrontation mit den Franken im Nordwesten und Norden ihres Siedlungsgebietes: In der *Schlacht von Zülpich* kämpften im Jahr 496 die Rheinfranken unter Sigibert von Köln mit der Hilfe der Salfranken unter Chlodwig I. (446-511, fränkischer König aus der Dynastie der Merowinger) gegen die angreifenden Alemannen. Nach einer weiteren Schlacht um 506 schienen die Alemannen entscheidend geschwächt zu sein.

Abb. 5 Kirche Oberbipp, ehemaliger römischer Gutshof; Ansicht von Osten auf das sogenannte «Lazarus-Grab». Links unten das regelmässige römische Mauerwerk, welches vom Grab durchschlagen wurde. Darüber die unregelmässig gemauerte romanische Schrankenmauer. Über eine Fläche von rund 300 m² erstreckt sich der Rundgang mit Mauern und Grabkammern von acht Gebäuden aus 1'700 Jahren. [9]

Die Alemannen waren so zu Beginn des 6. Jh. zwischen die Machtblöcke geraten, die sich zu behaupten und ihre Machtsphären auszuweiten

---

[7] Thürer Georg, Bundesspiegel: Geschichte und Verfassung der Schweizerischen Eidgenossenschaft, S. 10; Artemis Verlags-AG, Zürich (1964)

[8] Amiet Bruno, Solothurnische Geschichte, Bd. 1, S. 117ff; Staatskanzlei des Kantons Solothurn (1952)

[9] Bild und Text: Känzig Bernhard (Red.), Oberbipp und seine Geschichte, S. 55 (2007)

versuchten: Die Franken übten von Norden und Nordwesten her Druck aus und verdrängten offenbar grosse Teile der alemannischen Bevölkerung nach Süden.[10]

Sicher, wie das die Ortsnamen auf dem linken Aareufer bei Solothurn eindeutig dartun, waren die *Burgunder vor den Alemannen* an Ort und Stelle. So legen die wenigen sicheren Anhaltspunkte uns nahe, zu vermuten, dass die Alemannen *erst nach 480*, als ihnen die burgundische Pforte gesperrt war, durch das Aaretal westwärts wanderten.[4]

Der Flüchtlingsstrom aus dem Norden fand nördlich des Rheins wahrscheinlich nicht genügend Raum und überquerte den Rhein, um in das Land zwischen diesem und den Alpen zu gelangen, sich immer an die Flusstäler (Aare u.a.) und das urbarisierte Land haltend. Die einen fanden nun als Schutzflehende Zuflucht beim ostgotischen König Theoderich dem Grossen, die anderen westlich anschliessend vermutlich beim burgundischen König Gundobad, der zu diesem Zeitpunkt die Nordwestschweiz beherrschte.

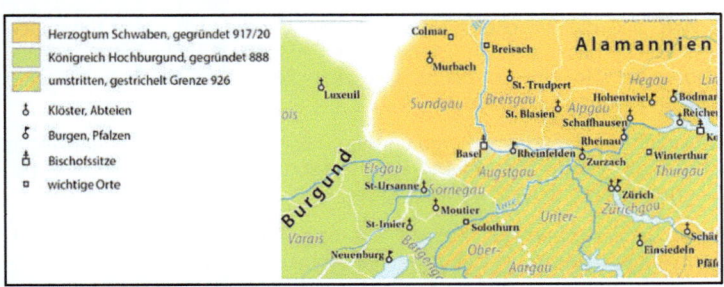

Abb. 6 Grenzregion des Herzogtums Alemannien und des Königreichs Hochburgund im 10.und 11.Jh. [Wikipedia; Marco Zanoli]

Die Sprachwissenschaft und die Archäologie stimmen darin überein, eine alemannische Siedlungsbewegung grösseren Ausmasses relativ spät anzusetzen, jedenfalls erst im politischen Rahmen des merowingischen Frankenreichs. Die Ortsnamen bestätigen diese Datierung: Innerhalb der alemannisch-deutschen Siedlungsnamen ist eine ältere Namenschicht (Formen: -ingen-, -heim- und -dorf) von den Namen eines ersten frühmittelalterlichen Ausbauraums (Haupttyp: -inghofen bzw. -ighofen, -ikofen sowie -ikon) und denjenigen eines zweiten Ausbauraums (Formen: -wil und -wiler) zu unterscheiden. Aus der Übernahme und Lautverschiebung vordeutscher Namen, der zeitlichen und räumlichen Verteilung der genannten alemannisch-deutschen Leitnamen, ferner aus der Verbreitung der für die alemannisch-romanischen Berührungszonen typischen Walen-Namen entlang der deutsch-französischen Sprachgrenze sowie in der

[10] Geuenich Dieter, Geschichte der Alemannen, S. 87; Verlag W. Kohlhammer, Stuttgart (2005)

Nordost- und der Zentralschweiz kann die alemannische Siedlungsbewegung bis zum 7./8. Jahrhundert. bestimmt werden.[11]

Das Ergebnis aller Überlegungen der bisherigen Forschung ist dahin zusammenzufassen, dass die Burgunder um 480 das Aaretal ihrer Herrschaft unterwarfen und dass bald darauf die Alemannen ohne Kampf, die burgundische Herrschaft anerkennend, in grösserer Zahl einwanderten und besiedelten.

Hier und zu diesem Zeitpunkt fehlte es bei den Alemannen an einer einheitlichen Führung: Kein König und kein Herzog standen an Ihrer Spitze. Sie waren als „Hundertschaften" und einem Hundertschaftsvorsteher gruppiert, und ein solche bestand aus Sippen und Familiengruppen, die unter der Leitung eines Familienoberhauptes waren. So zogen sie westwärts und suchten sich Land und Siedlungsgrund aus, indem sie sich gewöhnlich an römische bzw. keltoromanische Örtlichkeiten hielten, während die bisherigen Bewohner vor ihnen auswichen.

Schon auf der Wanderung wurden die Leute nach dem führenden Geschlecht, das wiederum seinen Namen vom Familienoberhaupt besass, bezeichnet. So wird es begreiflich, dass die „–ingen-Orte" die ältesten alemannischen Siedlungen waren.

Da durch die Eroberung Burgunds auch die Alemannen unter fränkische Herrschaft gekommen waren, standen nun alle Alemannen unter der Oberhoheit der fränkischen Merowinger.

Durch die Aufteilung des Herrschaftsgebiets unter den Söhnen Chlothars I. zog sich die Grenze zwischen Alemannien und Burgund durch das solothurnisch-bernische Land hindurch. Es ist jedoch schwierig, die genaue Grenzlinie nachzuweisen (s. Abb. 6). Es scheint das *rechte* Aareufer damals zu *Alemannien* geschlagen worden zu sein. *Burgundischer Herrschaft* unterstand das *links-ufrige* Aaretal mit seinen Zuflüssen bis nach Olten hinunter, auch wenn die Masse des Volkes alemannisch war.

In den Jahren nach 610 erfolgte eine neue grosse Besiedelungswelle. Diesmal flutet sie mehr in den Jura hinein und suchte links und rechts der Aare- und Emmeebenen die Anhöhen und Bodenschwellen auf. In jenen Jahrzehnten müssen die Ortschaften auf –dorf und –wil entstanden sein.

Das alemannische Volk, das sich in unserm Land niederliess, war sozial reich gegliedert und abgestuft. Die unterste Gemeinde öffentlichen Rechts war die Hundertschaft. Darunter verstand man die Vereinigung von zehn bis zwölf Siedlungen mit je zehn waffenfähigen Männern: Das gab 100 bis 120 Streiter. In einem Dorf waren durchschnittlich acht bis zehn Höfe und die Bauern dieser Höfe standen unter dem Sippenführer. Diese ordneten sich ihrerseits dem Vorsteher der Hundertschaft unter. Es ist wahrscheinlich, dass die Sippenführer und die Hundertschaftsvorsteher dem Adel

---

[11] Historisches Lexikon der Schweiz, Bd. 1, S. 175ff; Verlag Schwabe, Basel (2002)

angehörten; die waffentragenden Bauern aber dem Stande der Gemeinfreien.

Wie weit diese Gliederung des Volkes in der heutigen Nordwestschweiz durchgeführt war, bleibt wohl immer unbekannt, weil schriftliche Zeugnisse aus der Gegend restlos fehlen. Zudem sprechen wir ja über ein Grenzgebiet, wo sich die Herrschaftsverhältnisse überlagerten und auch die Völker sich mischten.

Abb. 7 Uebersichtsaufnahme der Grabung unter der Kirche von Oberbipp, Ansicht von Nordosten. Im Vordergrund rechts Reste der Nordapsis der ersten Kirche. Links im Mittelgrund das sogenannte «Lazarus-Grab».[12]

Als die Herrschaft des selbständigen Königreiches Burgund zu Ende war und ein Merowinger im Jahre 534 die Zügel der Staatsleitung ergriff, da begann eine intensivere Christianisierung des Landes. Die ersten Landkirchen sind um 600 anzusetzen. Gegen Ende des 7. Jh. drang das Christentum siegreich auf der ganzen Linie durch.

Mit der Herrschaft der Karolinger im fränkischen Reich begann auch *das eigentliche Mittelalter*.

Mit der Entstehung des deutschen Reiches gingen die „Stämme" in diesem auf, so dass es berechtigt erscheint, die Geschichte der Alemannen mit diesem Zeitpunkt als beendet anzusehen.[13]

---

[12] Bild: Känzig Bernhard (Red.), Oberbipp und seine Geschichte, S. 51 (2007)
[13] Geuenich Dieter, Geschichte der Alemannen, S. 89 und 118; Verlag W. Kohlhammer, Stuttgart (2005)

2.4. Die Karolinger

Nachdem Pippin der Kleine (Sohn von Karl Martell und Enkel des fränkischen Hausmeiers Pippin von Heristall) nach dem Ausscheiden seines Bruders Karlmann alleiniger Hausmeier geworden war, schickte er den letzten Merowingerkönig ins Kloster und liess sich im Jahre 751 selbst zum König der Franken erheben.

Auf Pippin den Kleinen folgten anno 786 sein Söhne Karl der Grosse und Karlmann und teilten sich das Reich. Karlmann regierte über Burgund und Alemannien bis ins Jahr 771, wo er plötzlich verschied. Darauf war Karl der Grosse im ganzen Reich Alleinherrscher und waltete bis zum Jahre 814 tatkräftig und nachhaltig seines hohen Amtes, das im Jahre 800 noch mit dem Glanz der abendländischen Kaiserkrone geschmückt wurde.

Die drei Söhne des Nachkommen von Karl dem Grossen, Ludwig dem Frommen, einigten sich im Vertrag von Verdun im Jahre 843 auf eine Aufteilung des grossen Reiches in West- Mittel und Ostfranken. Von der Grenzziehung wurde auch das nachmalig bernisch-solothurnische Land in Mitleidenschaft gezogen: Rechts der Aare gehörte vermutlich alles Land zu Ostfranken, das von König Ludwig dem Deutschen regiert wurde. Links der Aare lag Mittelfranken, das von Kaiser Lothar I., dem ältesten Sohn Ludwig des Frommen, beherrscht wurde.

Diese Ordnung währte aber nur bis zum Jahre 855, da Kaiser Lothar resignierte und starb. Das Mittelreich wurde darauf von den drei Söhnen dieses Kaisers aufgeteilt. Dabei erhielt der zweite Sohn, Lothar II., das Land von der Aare bis zum Genfersee, das somit die Südgrenze seines bis zur Nordsee reichenden Staates bildete. Er gab dem Gebiet, das einmal zwischen Frankreich und Deutschland liegen sollte, den Namen Lotharingien. Darnach wäre das solothurnische Land auf dem linken Aareufer unter der Herrschaft Lothars II. gewesen.

Sein Tod im Jahre 869 zeitigte einen schweren Gegensatz unter den Brüdern, den Königen Karl dem Kahlen von Westfranken und Ludwig dem Deutschen von Ostfranken. Sie einigten sich im Vertrag von Mersen im Jahre 870 über die Teilung des lothringischen Gebietes.

Während sich König Ludwig der Deutsche seit Verdun 843 am rechten Aareufer festgehalten hatte, griff er nun diesmal im Vertrag zu Mersen auf das linke Aareufer über und sichert sich das Bistum Basel.

Als König Ludwig der Deutsche im Jahre 876 die Augen für immer schloss, teilten drei Söhne Ostfranken. Der jüngste, Karl, empfing die Herrschaft über Alemannien und das Elsass und damit wohl auch die Nordwestschweiz.

Er erlangte sogar die Kaiserkrone und ging als Karl III. oder der Dicke in die Geschichte ein. Sein Tod im Januar 888 war ein Wendepunkt in der Geschichte der bernisch-solothurnischen Lande, ging doch damit die Herrschaft der Karolinger und des fränkischen Reiches überhaupt zu Ende.[14]

Abb. 8 Von 919 bis 1125 gehörte das Gebiet der Herrschaften Erlinsburg und Neu-Falkenstein zum Hochburgund [Quelle: Chronik der Schweiz] [14]

2.5. Königreich Hochburgund und salische Kaiser

Der Nachfolger des ersten Burgunderkönigs, Rudolf II., beherrschte vor seinem Tode im Norden seines Reiches die Freigrafschaft, Basel und den Aargau mindestens bis an die heutige bernisch-luzernische Grenze, wenn nicht gar bis an die Reuss. Sehr wahrscheinlich gehörte alles Gebiet im Mittelland und im Jura bis an die untere Birs zum burgundischen Reich. Im September 1032 ist mit Rudolf III. der letzte Rudolfinger verstorben.

Die Nachfolge an der Spitze des burgundischen Königshauses übernahm der Neffe Rudolfs III, Konrad II. Dieser hatte bis im Sommer 1038 vier (!) Kronen empfangen, nämlich die kaiserliche, die deutsche, die italienische und die burgundische. Bereits 1039 starb Konrad II. jedoch, als einer der mächtigsten Herrscher der europäischen Geschichte, unter anderem auch als Gründer des neuen Königshauses der "Salier". [15]

---

[14] Autorenkollektiv, Das Guldental – Geschichte von Mümliswil-Ramiswil, Bd. 1, S. 16 (2008)

[15] Amiet Bruno, Solothurnische Geschichte, Bd. 1, S. 163ff und 167ff; Staatskanzlei des Kantons Solothurn (1952)

2.6. Zwischen Reich und Habsburg

Mit der Wende vom 11. zum 12. Jh. tritt der Adel, der auf dem Boden des nachmaligen solothurnisch-bernischen Gebietes zu Hause war, in den geschichtlichen Dokumenten auf.

Seit 1138 bestimmten die süddeutschen Hohenstaufen als Kaiser und Könige die Geschicke des deutschen Reiches und zogen dabei die Nachbarschaft südlich des Rheines ganz in Ihren Bann.

1267 wurde *Rudolf IV. von Habsburg* mit einem Schlag der mächtigste Herr im deutschschweizerischen Mittelland.

In den Wirren der damaligen Zeit vermochte Graf Rudolf III. von Nidau im ersten Drittel des 14. Jh. zwischen Jura und Aare vom Bielersee bis nach Olten eine achtungsgebende Landesherrschaft aufzubauen.

In den Jahren 1344/45 begann die Herrschaft der Stadt Solothurn über die umliegende Landschaft.

Gute zehn Jahre später, am 18. Oktober 1356, suchte ein gewaltiges Erdbeben Basel und die Nordwestschweiz heim.

Im Sommer 1365 sammelte Jean de Vienne als Bischof von Basel ein Heer, rückte über die Hauensteinpässe und suchte das Land am Jurafuss bis Grenchen hinauf heim, ohne dass ein wirklicher Erfolg eintrat.

2.7. Pest, Guglerkrieg und die Schlacht von Sempach

Zwischen 1346 und 1353 breitete sich die Pest als Pandemie in Europa aus, die als der "schwarze Tod" rund ein Drittel der damaligen Bevölkerung dahinraffte. Es ist dokumentiert, dass auch Angehörige der Roth-Familien der Pest zum Opfer gefallen sind (s. Kap. 3.9., Welschenrohr).

Zu dieser Zeit war der Anschluss der einst hochburgundischen Lande an das Deutsche Reich vollzogen. Das Mittelland vom Boden- bis zum Genfersee gehörte ein und demselben römischen Reich an. "Burgund" war mehr oder weniger ein geografischer Begriff für die Westschweiz.

Dem Niedergang des Adels steht in unseren Landen der Aufstieg der städtischen Gemeinden gegenüber.

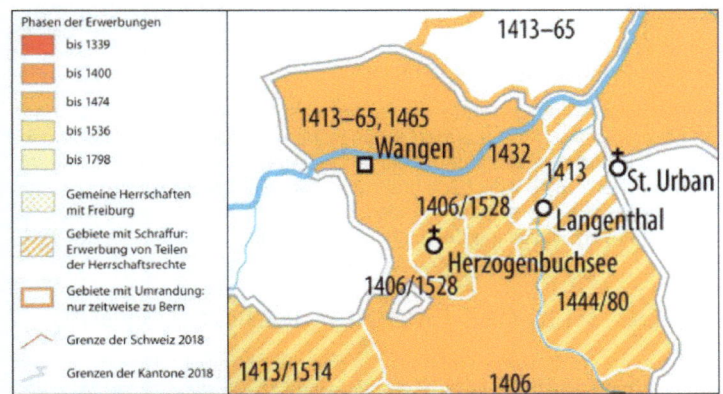

Abb. 9 Das Wachstum des Berner Stadtstaats bis 1798 [Wikipedia; Marco Zanoli]

Am 25. November 1375 brach Ingelram (Enguerrand) von Coucy, ein Enkel Herzog Leopolds I., aus dem Elsass auf, um an Basel vorbei mit seinem Heer in drei Säulen in den Jura und über den Pierre Pertuis und die beiden Hauenstein-Pässe in das Aaregebiet einzudringen. Er wollte sich endlich sein Erbe holen, das ihm nach dem Tod seiner Mutter Katharina von den Herzögen von Österreich vorenthalten wurde. – Wegen der spitzen Helme der schwer bewaffneten Söldner Ingelrams nannten diese das Volk "*die Gugler*" (aus dem lat. curcullus). Die "Gugel" war im Hochmittelalter eine kapuzenartige Kopfbedeckung. - Das Elend, das diese Gugler hinterliessen, war anfänglich trostlos: Überall verbrannte Höfe, menschliches Leid, bittere Armut. Einzelne Dörfer erholten sich nicht mehr wie Oberwerd im Gäu sowie Wedelswile und Gurzelen bei Solothurn. Erst allmählich erholte man sich von den guglerischen Schäden.

Herzog Leopold III. von Österreich sammelte 1386 ein Heer aus der ganzen süddeutschen Adelswelt und dem Jura, nachdem Luzern ihn zum Kampf herausgefordert hatte. Am 9. Juli kam es in der Nähe von Sempach zur Schlacht ⚔, bei dem ihm ein Heer der vier Waldstätte eine schwere Niederlage bereitete und ihm im Kampf den Tod brachte.[16]

Ende des 13.Jh. war aus den drei grundherrschaftlichen, die Namen nach Schlössern führenden Markgenossenschaften Wiedlisbach, Bipp und Erlinsburg in der Grafschaft Froburg eine Herrschaft Bipp gebildet worden, welche bis 1375 den Grafen von Nidau-Neuenburg, von 1375-1379 den Grafen von Thierstein, von 1379-1385 den Grafen von Kyburg-Habsburg, von 1365-1412 dem Haus Oesterreich-Habsburg, von 1412-1463 mit der angrenzenden Herrschaft Bechburg den Städten Bern und Solothurn and von 1463-1798 ohne jene Herrschaft dem eidgenössischen Ort Bern als ein

---

[16] Amiet Bruno, Solothurnische Geschichte, Bd. 1, S. 284ff; Staatskanzlei des Kantons Solothurn (1952)

Amt seines Kantons, Bipperamt, angehörte. Beim Schloss der alten Grundherrschaft Wiedlisbach war eine Stadt entstanden (1275); die Handveste datiert vom Jahre 1516.

Die Herrschaft Bipp umfasste die beiden Gerichtsgemeinden Wiedlisbach und Niederbipp, welche aus den anfänglichen Offizien Bipp (Wiedlisbach-Dipp) and Erlinsburg (Niederbipp) hervorgingen. Die Gemeinden Rumisberg, Farnern, Oberbipp, Wiedlisbach und Attiswil waren das Gebiet des Gerichts Wiedlisbach, die Gemeinden Niederbipp, Wolfisberg, Walliswil-Bipp und Schwarzhäusern dasjenige des Gerichts Niederbipp.

2.8. Der Plan des Grafen Rudolf von Kyburg

Der grössere historische Rahmen, in den die vereitelte Mordnacht von Solothurn hineinzustellen ist, wird dargestellt durch die etwa mit der Mitte des 14. Jh. einsetzenden Bestrebungen der Städte Bern und Solothurn, die wachsenden finanziellen Schwierigkeiten des benachbarten Feudaladels zur Begründung und zum Ausbau eines eigenen Herrschaftsgebietes auszunutzen. Hauptopfer des bernischen und solothurnischen Machtstrebens war das einst so blühende Grafenhaus Kyburg, das seit dem verhängnisvollen Brudermord auf dem Schloss Thun immer mehr aus seiner beherrschenden Stellung im westlichen Mittelland verdrängt wurde. Den speziellen Anlass zum Konflikt der Kyburger mit der Stadt Solothurn bildeten die solothurnischen Aspirationen auf den Leberberg: die Herrschaften Strassberg, Altreu und Balm. Teils mit städtischen, teils mit privaten Mitteln hatte Solothurn Pfandschaften auf alle drei Herrschaften an sich gebracht; auf der andern Seite aber fielen den Kyburgern mit dem Aussterben der Grafen von Neuenburg-Nidau erbliche Ansprüche auf dieselben Gebiete zu.[17]

Die Gegensätze verschärften sich, als die von allen Seiten bedrängten Kyburger das mächtige Haus Habsburg an den umstrittenen Herrschaften zu interessieren wussten und damit dessen Rückhalt gewannen. Die Entschlossenheit der solothurnischen Bürgerschaft, die benachbarten Dörfer des Lebergs unter ihre Herrschaft zu bringen, wich aber auch vor der Macht Österreichs nicht zurück. So sah der in seinem Wesen ohnehin zu Abenteuern geneigte und unruhig ungeduldige junge Graf Rudolf von Kyburg die Lösung nur noch in einem Gewaltstreich: ein Überraschungsangriff auf die Stadt Solothurn sollte mit einem Schlag den einen seiner Gegner ausschalten und die dabei eroberte Beute seinen zerrütteten Finanzen wieder etwas aufhelfen.[17]

Das verzweifelte Vabanque-Spiel, das dieser Plan bedeutete, wird schon dadurch blossgestellt, dass Graf Rudolf unter den Adeligen seiner Nachbarschaft, ausser seinen unmittelbaren Vasallen, meist kleinen Rittern

---

[17] Sigrist Hans, Hans Roth von Rumisberg, im: Jahrbuch des Oberaargaus, Bd. 2, S. 136f (1959)

und Edelknechten, keinen Verbündeten fand, der seinen tollkühnen Streich mitzumachen bereit war. Vor allem versagte ihm Herzog Leopold von Österreich seine Hilfe, die vielleicht für den Ausgang entscheidend geworden wäre. Die einzige ins Gewicht fallende Unterstützung sagte ihm ein Feudalherr der Freigrafschaft Burgund, Graf Diebold von Neufchatel (südlich Montbéliard), Herr zu Blamont und Baume, zu, mit dem er am 27. September 1382 einen förmlich besiegelten Vertrag zum gemeinsamen Überfall auf Solothurn mit genau geregelter Verteilung der Beute abschloss. Das Interesse des burgundischen Grafen Diebold am Leberberg gründete sich auf gewisse verwandtschaftliche Beziehungen: seine Tochter war die Gattin des Grafen Peter von Neuenburg-Aarberg, der als Erbe der Nidauer Ansprüche auf Altreu erhob, seine Nichte war die Witwe des letzten Grafen von Nidau, als dessen Haupterben die Kyburger auftraten.

Nicht geringere Hoffnungen als auf diesen Verbündeten setzte Graf Rudolf von Kyburg aber auf die Beziehungen, die er innerhalb der Stadt Solothurn selber besass. Sein Onkel, Graf Eberhard von Kyburg, war damals Propst des St. Ursenstifts; verschiedene Chorherren entstammten Familien des kyburgischen Dienstadels; auch einflussreiche Geschlechter des städtischen Adels waren kyburgische Lehenträger, wie die Riche und von Dürrach. Die wertvollste Hilfe versprach ihm der Chorherr Hans vom Stein aus dem bekannten wasserämtischen Edelgeschlecht, dessen Haus unmittelbar an die Stadtmauer stiess und einen eigenen Ausgang aus der Stadt besass; wie die Bürgerschaft ihm und dem Stift nachher offiziell vorwarf, verpflichtete sich «Pfaff Hans», die Truppen des Grafen heimlich durch sein Haus in die Stadt einzulassen. Erst beim Abbruch des alten St. Ursenmünsters im 18. Jh. verschwand die in Blei gegossene Schmachtafel, die die erzürnten Bürger zur dauernden Erinnerung an diese hochverräterische Haltung über dem Hauptportal des Münsters anbrachten.[15]

Am Abend vor der festgesetzten Nacht liessen die Chorherren noch die Klöppel der Glocken auf St . Ursus Münster mit Tüchern umwickeln , um zu verhüten , daß die Bürgerschaft durch die Wächter nicht unzeitig aus dem Schlaf aufgestürmt und zur Abwehr herbeigerufen werden könne.[16]

Mit Vorbedacht wurde für den Überfall eine dunkle Winter-Neumondnacht ausgewählt. Am 10.November 1382 sammelte sich die Gefolgschaft der beiden Grafen auf dem Schloss Bipp und im Städtchen Wiedlisbach. Nach dem Vertrag sollte jeder von ihnen 100 Lanzen, das heisst hundert gepanzerte Ritter mit je zwei Begleitern, stellen, was zusammen 600 Mann ergäbe; ob wirklich so viele sich auf Solothurn in Marsch setzten, ist nicht bekannt.

Die bestimmte Anzahl Krieger des Grafen von Neuenburg und des Grafen von Kiburg sammelte sich auf dem Schloss Bipp oder im Städtchen Wiedlisbach Nach eingebrochener Nacht traten sie den Zug nach Solothurn an , ausser den Knappen zweihundert geharnischte und wohlbewaffnete Reiter, darunter Krasto von Burgenstein, Petermann von Thorberg , der Schnabel von Grünenberg, Petermann von Rohrmoos, Burkard von Sumiswald , der alte Petermann von Mattstetten und andere Ritter und

Edelknechte sowie Ministerialen der beiden Grafen. Nebst Diebold von Neuenburg und Rudolf von Kyburg nahmen noch andere Grafen von Kyburg teil , wohl Berchtold und die deutschen Ritter Rudolf und Conrad, Rudolfs Oheime, vielleicht auch sein Bruder Hartmann.[16]

Abb. 10 Der Gasthof „Schlüssel" in Wiedlisbach

Zeitgenössische Berichte über die genauen Einzelheiten des Geschehens existieren keine. Die ältesten, sehr knappen Mitteilungen finden sich bei dem Berner Chronisten Conrad Justinger, der um 1420, also fast 40 Jahre später schrieb. Er berichtet weder den Namen noch die näheren Umstände der Tat des Hans Roth, sondern einzig die Tatsache, dass «der almechtig Got und der lieb herre sant Ursus die stat behüten und daz gros mort nit verhengen wolten und die stat gewarnet wart», worauf die Angreifer, ohne ihr Vorhaben auch nur zu versuchen, wieder umkehrten, in der Wut freilich sämtliche unschuldigen Landleute und Wanderer, die ihnen über den Weg liefen, erstachen.

Immerhin ist der historische Kern der Hans-Roth-Tat damit gesichert, denn Justinger wirkte bereits seit 1384 als Stadtschreiber in Bern, hat also den Burgdorfer- und Sempacherkrieg, die sich an die Mordnacht von Solothurn anschlossen, aus nächster Nähe miterlebt und dürfte deshalb auch über die Ereignisse in Solothurn einigermassen orientiert gewesen sein.

21

Abb. 11 Hans Roth im Gasthof „Schlüssel" in Wiedlisbach; Wandgemälde von Helene Roth, Wangen

Urs Joseph Lüthy, der Herausgeber des «Solothurner Wochenblatts», knüpfte an die Tatsache, dass ein Exemplar des Vertrages zwischen den Grafen von Kiburg und Neufchastel ins solothurnische Archiv geriet, die Vermutung, der eigentliche Warner der Solothurner, der die Bürgerschaft auf den Mordanschlag aufmerksam machte, sei in der adeligen Umgebung der Kyburger zu suchen, und der Bauersmann aus Rumisberg sei von diesem nur noch ausgeschickt worden, um in Solothurn zu melden: « Jetzt kommen sie!» - Diese Annahme wird freilich durch die dürftigen Quellen ebenso wenig gestützt wie die traditionelle Erzählung; sie wäre an sich zwar auch möglich, aber durch nichts zu beweisen.

2.9. Die Retterrolle von Hans Roth

Sechsundzwanzig Jahre nach dem grossen Erdbeben von Basel, sieben nachdem Ingelram von Couchy mit seinen furchterregenden Scharen das Land verwüstet hat, war es, dass das nächtliche Unternehmen des Kyburgers versucht wurde:

Den ersten ausführlichen Bericht über die Retterrolle des Hans Roth überliefert uns der solothurnische Chronist Antoni Haffner, der 1577 seine «Chronica oder Ursprung und Herkommen der loblichen alten weitberühmten Stadt Solothurn» vollendete, also fast 200 Jahre nach der Mordnacht.

Er schreibt: «Als aber durch gute Sorg der Wechter und die Burger in der Statt von einem Landtmann Hansz Rott von Rumisperg gewarnt, dan er von ungeschickht (aus Versehen) under die Vyend kommen war, hat ihr Anschlag und Fürnemmen vernommen, dass sy disse Nacht die Statt Solothurn durch Verräterei eines Thumbherren innämen, Jungs und Alts im ersten Schlaff an ihren Beten umbringen und erwürgen, alsz er ir Vorhaben vernommen, hat es ine behertziget, dass die fromen Burger in der Statt Solothurn also jemerlich durch Verräterei im ersten Schlaff an iren Beten solten erwürgt werden, hat er sich heimlicher von dem Vyend abgestollen, in

22

schneller Ylle so viel im müglich der Statt Solothurn zugeloffen und umb zwölff Uhren der Nacht für das Eychtor (Baseltor) kommen, dem Wechter mit häller Stime gerüfft, welcher ime glich Antwort geben, gefragt, wasz sin Anligen sie. Da hat er dem Wechter die Verräterei, wellich Pfaff Hansz zugerüst, allerdingen entdeckht. Der Wechter ist one Verzug zu dem Schultheissen geloffen und ime die Verräterei geoffenbaret, wellicher in der Statt hat lassen Sturm schlachen. ... Hansz Rott, wellicher die Statt Solothurn gewarnet, ward erlich gelonnet, und zu einer ewigen Gedechtnus gibt ein Statt Solothurn allwegen under dem Rotten Geschlecht dem alttisten ein Rock der Statt Farb.»

Abb. 12 Das Städtchen Wiedlisbach aus der Vogelschau [18]

Auch Haffner kennt also noch nicht die Details vom Ofen im «Schlüssel» zu Wiedlisbach, von Hans Roths Eidschwur gegenüber den Kyburgern, von den verkehrten Schuhen und der Anrufung des heiligen Ursus über dem Baseltor, die somit alle noch spätere Zutaten und Ausschmückungen darstellen, zum Teil in offensichtlicher Anlehnung an andere Mordnachtgeschichten. In der Hauptsache geht aber die Hans-Roth-Geschichte doch auf ihn zurück, und es erhebt sich deshalb die Frage, wie weit er als zuverlässig betrachtet werden kann.

Für eine gewisse Glaubwürdigkeit spricht gleich zum Voraus die Tatsache, dass er nach der Reformation, und zwar sogar auf einem ersten Höhepunkt der Gegenreformation schreibt; gerade in diesem Zeitpunkt würde es doppelt seltsam erscheinen, wenn er eine so glorreiche Rettungstat aus eigener Erfindung ausgerechnet einem Angehörigen des reformiert gewordenen Bernbiets zugeschrieben hätte.

Bei anderen Gelegenheiten gibt Haffner übrigens eine Quelle an, aus der er seine Kenntnisse der früheren Stadtgeschichte schöpfte: eine um 1480/90

---

[18] Foto: Michel Giesser [patrimoine bernois.ch]

geschriebene Chronik eines Seckelmeisters Degenscher, den er bald Ulrich, bald Conrad nennt. Bekannt ist allerdings nur ein Niklaus Degenscher, der seit 1489 im solothurnischen Rate erscheint, 1496 zum Seckelmeister gewählt wurde und unmittelbar nach der Schlacht bei Dornach auf der Höhe von Gempen als Opfer eines Raubmordes ein jähes Ende fand; seine relativ rasche Karriere spricht immerhin für eine Persönlichkeit ungewöhnlichen Formats, der man die Abfassung einer Chronik wohl zutrauen könnte. Haffner nennt den Seckelmeister Degenscher den Grossvater seiner Mutter, so dass trotz seiner Unsicherheit in den Vornamen eine gewisse Familientradition als verbürgt angenommen werden darf.

Jene Chronik fand er selbst schon als «alt zerrissnes Buech» vor und sie ging offenbar wenig später ganz verloren, so dass wir nicht mehr feststellen können, ob sie überhaupt die Hans-Roth-Geschichte enthielt und in welcher Form sie sie erzählte; damit lässt sich auch nicht ausscheiden, was Haffner eventuell vorfand und was er aus eigener Phantasie hinzufügte.

Immerhin sind seine übrigen Notizen zur Geschichte jener Zeit so trocken, dürftig und nüchtern, dass man ihm kaum eine relativ so lebendige Schilderung zutrauen möchte; bei der ähnlich anschaulich und dramatisch geschilderten Belagerung von Solothurn im Jahr 1318 beruft er sich übrigens ausdrücklich auf die Degenscher-Chronik, was die Möglichkeit bestärkt, dass er auch die Hans-Roth-Erzählung der Chronik seines Urgrossvaters entnahm. Falls dies zuträfe, wären die von Haffner überlieferten Einzelheiten nicht 200, sondern bloss 100 Jahre nach den Ereignissen festgehalten worden, ein Zeitraum, der die Wahrscheinlichkeit zulässt, dass eine derartig wichtige Sache sich im Gedächtnis der Solothurner Bürger noch einigermassen wahrheitsgemäss erhalten hatte.[19]

Einschub: Prolog aus dem Schauspiel „Hans Roth von Rumisberg oder die Mordnacht von Solothurn 1382" [16]

Ich stieg in trauter Abendstunde
Zur Höh' und sah das schöne Thal;
Das Dunkel in der weiten Runde
Erhellte hehr des Mondes Strahl.
Es war ein Ort für treue Herzen,
Das Ave klang vom Klosterthurn,
Und unten lag mit seinen Schmerzen
Mein heimatliches Solothurn.

Da tauchte auf vor meinen Sinnen
Gar manches Bild verschwundner Pracht,
Es glänzten die bemalten Zinnen
Der alten Reichsstadt in der Nacht.
Des Götterboten Goldgefieder

---

[19] Sigrist Hans, Hans Roth von Rumisberg, im: Jahrbuch des Oberaargaus, Bd. 2, S. 34ff, 45ff und 69f (röm.) und S. 138f (1959)

Rauscht aus , und eine Stimme sprach:
Was du erblickest, schreib es nieder,
Von deines Volkes Ruhm und Schmach.

Abb. 13 Hans Roth vor dem Baseltor (seinerzeit das ‚Eichtor' genannt) in Solothurn;
Illustration von Heinrich Jenni aus dem Hans Roth-Schauspiel.[20]

---

[20] Amiet Xaver, Hans Roth von Rumisberg oder die Mordnacht von Solothurn 1382,
Vaterländisches Schauspiel in fünf Abtheilungen (1855)

Es geht gar eine seltne Mähre
Im Schweizerland aus alter Zeit,
Wie Solothurn von Kyburgs Heere
Ein schlichter Bauersmann befreit.
Hans Roth, den haben unsre Ahnen
Verherrlicht bis in neuste Zeit,
Das Volk der Berge auszumahnen
Zu Gottvertraun und Einigkeit.

Ich hab' versucht die That zu schildern,
Den Griffel nahm ich fest zur Hand,
Und schrieb in ernst' und frohen Bildern,
Wie sie erzählt mein Vaterland.
Nicht streng hielt ich an alten Schriften,
Ich folgte frei des Herzens Drang,
Der Lerche gleich , die in den Lüften
Des Frühjahrs singt den Morgensang.
Ich liebte mehr den Muth zu preisen,
Der Väter Freiheitsinn und Kraft,
Der Frauen Lieb und zarte Weisen,
Den Blüthenkelch , der Freude schafft.
So schrieb ich denn in Feierstunden
Das Werklein mit und ohne Müh;
Was die Geschichte nicht gefunden,
Ergänzte freundlich Phantasie.

Wie Epheu um die Eiche, ranket
Um Wahrheit sich des Dichters Kunst,
Der im Gedankensturm nicht wanket,
Vertrauend auf der Musen Gunst:
So ist die Dichtung auch erstanden,
Zu Vaterlandes Ehr und Ruhm,
Auf dass sie preis in allen Landen
Das alte, treue Bürgerthum.

Das Bild ist da; seid ihr zufrieden,
So ist ein gutes Ziel erreicht,
Das Einzige, das ja hienieden
Dem Dichter noch zum Ruhm gereicht.
Wohl schließ ich dann mit froher Ahnung,
Dass, wenn mein Geist vom Leib befreit,
Noch dieser Dichtung laute Mahnung
Fortkling im Sturmgebraus der Zeit.

Schultheiss:
„Steh ' auf , mein Sohn ! — Ein schönes Denkmal hast
Du dir gesetzt durch deine kühne That
In der Geschichte unsrer freien Stadt.
Empfang den Dank der hochbeglückten Bürger,

Abb. 14 Hans Roth beim Schultheiss in Solothurn; Illustration von Heinrich Jenni aus dem Hans Roth-Schauspiel [21].

Den Dank der Mütter , Kinder und der Greise.
Sei glücklich heute ! — Komm an meine Brust,
Im Angesicht des Volkes umarm ' ich dich.
(feierlich)

---

[21] Amiet Xaver, Hans Roth von Rumisberg oder die Mordnacht von Solothurn 1382, Vaterländisches Schauspiel in fünf Abtheilungen (1855)

In allen Zeiten soll in Solothurn
Der Name Roth verherrlicht bleiben.
Ein Feierkleid von roth und weissem Stoffe,
Die Wappenfarbe unsrer freien Stadt,
Schmück' stets den Ältesten des Geschlechts.
Es soll der Adel , den wir dir verleihen,
Auf große Treu ' und Frömmigkeit sich gründen.
O mög in aller Zeit dein Stamm gedeihen,
Und aller Welt die selt 'ne Mähr verkünden.
Knie nieder und empfang ' des Vaters Segen!
(Hans kniet nieder .)
Bleib brav und treu auf allen deinen Wegen!"

Hans Roth
(gerührt aufstehend)
Der Morgen graut , ich darf nun wieder sprechen.
Was ich gethan , Herr Schultheiss , rechnet nicht
Zu hoch. Ich muss es heilig euch beteuern,
Es war die große Liebe zu den Euern.
Ein Gott hat mich zum Werkzeug auserkiesen?
Zum Liebesdienst , den ich der Stadt erwiesen.
Seid ihr zufrieden mit dem Pflegesohn,
So rechn' ich das für meinen schönsten Lohn.

Solothurn behielt sich sein Strafrecht vor gegen jedem seiner Einsassen, der
an der Mordnacht möchte Antheil genommen haben , sobald er die Stadt
oder das Burgerziel betreten sollte. Dieser Vorbehalt war wohl hauptsächlich
gegen die betheiligten Stiftsmitglieder gerichtet. Probst Eberhard aber sowie
die Chorherren Johann vom Stein und Johann von Mattstetten hatten sich,
als sie das Unternehmen gescheitert sahen , in der gleichen Nacht geflüchtet
Die beiden letzteren kehrten nie mehr nach Solothurn zurück , und Eberhard
von Kyburg wagte es erst nach elf Jahren noch einmal den Vorsitz in einer
Kapitelversammlung zu führen; sonst liess er sich in Stiftsgeschäften durch
den Probststatthalter Heinrich Lerower vertreten; er starb im Jahr 1395.
Das Haus des Johann vom Stein wurde in Folge des Beschlusses von
Schultheiss, Rath und Bürgern niedergerissen und verordnet, dass an
diesem Ort nie mehr ein solches gebaut werde. An dessen Stelle wurden von
der Stadt Speicher errichtet und um Zins ausgeliehen, der dem Feldsiechen-
meister überlassen wurde. - Johannes Jnlasser aber musste seine und
seiner Genosse Schuld mit dem Leben büssen. Er wurde allgemein als
Mitschuldiger beim Verrat der Stadt gehalten.
Darüber kam Solothurn in den Kirchenbann. Die Stiftsherren wurden aber
gezwungen, Gottesdienst zu halten, und ihnen mit der Rache des Volkes und
Entsetzung von ihren Pfründen gedroht, wenn sie nicht für Absolution sich
verwenden und aus dem Nachlasse Jnlassers die Kosten für dieselbe
bestreiten würden. Das half: Am 30. Mai 1386 bevollmächtigte der Alters-
papst Clemens VII. von Avignon aus den Bischof von Castoreo, Schultheiss,
Rat und Bürgerschaft und alle, die sich an der Ermordung des Chorherrn
schuldig gemacht hatten oder dieselbe begünstigt haben, von der Exkom-

munikation loszusprechen, falls sie demütig hierfür bitten und wahre Reue bezeigen. Die Absolution wurde vollzogen und das Stift gezwungen, die entstandenen Kosten zu bezahlen.[16]

Zur Schmach für das Stift im Allgemeinen goss man in einen Stein, der oberhalb der Hauptportal am St. Ursen-Münster angebracht wurde, in bleiernen Buchstaben folgende Inschrift:

„Wir der Schultheiss, Rat vnd Gemein ze Solotern Verkünden vnd thund kunt ze wüsten menniglichen vnd allen vnsern Nachkommen ewigklich, dass in dem Jahr als man zalt tusent drvhundert achzig vnd zwei vff St . Martinstag znacht da Grast Rudolf von Kiburg vnd die anderen Grasten von Kiburg vnd ire Heister vnser Statt vnwisentlicher vnd vnabgefagter Dingen überfallen wollen han vnd vns by nacht vnd by näbel one schuld vnd wolt Pfaff Hans vom Stein , der ein Thumbherr war zu vnserem Gottshuse, inen durch sin Hoff der an vnser Ringmuren stund mit Verräterschaft harin geholfen han, dan dass der heilig Gott vnd sein heilige Mutter Maria vnser liebe Frauw vnd alle liebe Heiligen vnd Marterer zu unserem Gotteshuse darvor behütet."

Abb. 15 Die St. Ursenkathedrale in Solothurn. Auf der linken Seite des Bildes ist mittig das Baseltor zu erkennen, das zu Zeiten von Hans Roth noch ‚Eichentor' hiess. (Farblithographie von Isidore-Laurent Deroye, um 1850. [Privatbesitz].[22])

**„So Gott nit selbs behüt ein Statt
Der Mensch sin Wacht vergebens hat:
Den wir biten sy z'han in hut
Maria vnd die Heligen gut."**

---

[22] Feser Paul Ludwig, Reisen im schönen Solothurnerland, S. 215 (1989)

Diese Inschrift wurde später mit einem Kupferblech bedeckt , dasselbe aber in der Folge bei Zwistigkeiten zwischen Stift und Regierung auf letzterer Befehl wieder weggerissen. Überdies nahm man den Chorherren den grossen Zehnten zu Selzach weg und stiftete daraus, zum ewigen Gedächtnis an die glückliche Rettung , auf St. Martinstag eine Spende von Brot oder Weggen, die man aus dem Zehntkorn gebacken hatte und jedes Jahr unter dem alten Rathaus austeilen liess. Dahin gingen fast zweihundert Jahre lang an diesem Tag die Bürger von Solothurn, Reiche wie Arme, und holten sich ihren Teil, bis man im Jahr 1557 diesen Zehnten dem Spital einverleibte.[16]

2.10. Aufteilung der Herrschaften Bipp und Bechburg

Die Berner erwarben um 1411 das Lösungsrecht der Herrschaft Bechburg bei Oensingen mit dem Fridauer Amt im unteren Gäu vom Grafen Egon von Kyburg und 1415 vom Basler Konrad von Laufen Burg und Herrschaft Neu-Bechburg-Fridau.

Dieser gemeinen Herrschaft fügte Bern im folgenden Jahr Buchsiten und Kestenholz im solothurnischen Gäu hinzu, die Wilhelm von Grünenberg an Bern verkaufte.

Verhandlungen mit den Freiherren Hans und Hans Friedrich von Falkenstein kamen zum Ergebnis, dass diese die Landgrafschaft Buchsgau, die schon strak "durchlöchert" war, an Bern und Solothurn verkauften. Im Mai 1427 teilten die beiden Städte nun so, dass Solothurn in der Landgrafschaft im Tal ungeteilt, im Gäu aber gemeinsam mit Bern ausübte. Die Landgrafschaft über die Herrschaft Gösgen, von Trimbach bis Erlinsbach, gaben die Städte den Freiherren von Falkenstein, die jetzt auf Gösgen sassen, zu Lehen. Im November 1427 belehnte der Bischof von Basel die Städte mit dem Buchsgau.[23]

Im Frühjahr 1460 verlangte Bern die Aufteilung der gemeinen Herrschaften Bipp und Bechburg unter die zwei Herren. Im Mai 1463 wählte Solothurn Bechburg. Seitdem ragt das bernische Bipperamt in den Kanton Solothurn hinein.

---

[23] Amiet Bruno, Solothurnische Geschichte, Bd. 1, S. 304ff und 363ff; Staatskanzlei des Kantons Solothurn (1952)

2.11. Höhen und Tiefen der Machtpolitik – das Konzil von Trient

Anfangs Juni 1513 fand die *Schlacht bei Novara* ⚔ statt, wo die Eidgenossen gegen das französische Heer einen glorreichen Sieg errangen.

In der *Schlacht bei Marignano* ⚔ Mitte September 1515 erlitten die Eidgenossen jedoch eine verheerende Niederlage. - Am 29. November 1516 schloss die ganze Eidgenossenschaft mit Frankreich den ewigen Frieden. Damit schliesst das "schweizerische Mittelalter" und geht 1519 in das erste Kapitel der Neuzeit über, die Reformation.[16]

Das *Konzil von Trient* (Tridentinum), das von der römisch-katholischen Kirche als 19. ökumenisches Konzil gerechnet wird, fand zwischen 1545 und 1563 in drei Tagungsperioden (25 Sitzungen) statt. Hauptanlass war die Notwendigkeit, auf die Forderungen und Lehren der Reformation zu reagieren.

Als Konsequenz des tridentinischen Konzils brachte das Jahr 1580 gleich eine Reihe von Entscheidungen: **Für die Nachwelt war die Einführung von Tauf- und Ehebüchern von besonderem Wert, damit in Zukunft die Verwandtschaftsgrade bei Eheschliessungen genauer festgestellt werden konnten. Ihnen folgten die Totenbücher.**

Abb. 16 Eine Versammlung des Konzils von Trient. Kupferstich von Claudy aus dem Jahr 1565 [Quelle: epd-bild/akg-image]

In der Fortsetzung der Verordnung über die Führung von Ehebüchern erliess der Rat weitere Mandate über die Eheschliessung; gemäss den Satzungen des Tridentinischen Konzils sollte die Ehe das ganze Jahr hindurch geschlossen werden können, ausgenommen in der Zeit vom 1. Advent bis Dreikönige, vom Aschermittwoch bis zum 1. Sonntag nach Ostern und in der Pfingstwoche. Ferner sollte sie öffentlich ausgekündigt und eingesegnet werden. Diese Ordnungen des Jahres 1582 mussten im Jahre 1593 wiederholt werden, wobei noch hinzugefügt wurde, dass das Eheversprechen vor Zeugen abgelegt werden solle.

Bei der Einschränkung der Bürgeraufnahmen in den Jahren 1581 und 1588 wurde auch das Bürgerrecht genau umschrieben: Bürger war derjenige, dessen Vater bereits beeidigter Bürger und zünftig war, und er musste sich einen Harnisch, kurze Wehr und einen Feuereimer (!) zulegen.

Im 16. und 17. Jh. wurde die Abgabe der Zehnten und Bodenzinsen, das Gerichts- und Wehrwesen der Aufsicht der Vögte unterstellt. Die Ausführung der Anordnungen in den Dörfern wurde den Ammännern bzw. Untervögten und den Weibeln übertragen.[24]

Um in der verwirrenden Vielfältigkeit der Verteilung der Bodenzinse die Übersicht nicht zu verlieren, sah sich die Regierung, wie übrigens alle grösseren Bodenbesitzer, gezwungen, genaue Verzeichnisse der ihr zinspflichtigen Güter anzulegen: die sogenannten *Urbare*. Sie basieren theoretisch noch auf den ursprünglich geschlossenen Bauerngütern, die die einzelnen Bodenzinse trugen, den sogenannten *Schupposen*.

In fruchtbaren Jahren reichten die Erzeugnisse der Felder und die Viehzucht aus, um das Volk genügend zu ernähren, ja sogar Überschüsse nach auswärts auszuführen. Von Neuerungen in der Bewirtschaftung des Landes ist jedoch selten die Rede.

Die Masse der städtischen Bevölkerung und eine Minderheit auf dem Land lebten vom Handwerk. Die Handwerker der Stadt waren spätestens seit dem 14. Jh. in Zünften organisiert.

Im Zuge der katholischen Reform hatte die Zahl der Dorfschulen nach 1579 kräftig zugenommen.[25]

2.12. Der Dreissigjährige Krieg

Der Dreissigjährige Krieg (1618-1648) ist an dieser Stelle vor allem deshalb erwähnenswert, weil Tausende von Schweizern auf Frankreichs Seite gekämpft hatten.

---

[24] Historisches Lexikon der Schweiz, Band 11, S. 587ff (2012)
[25] Amiet Bruno, Sigrist Hans. Solothurnische Geschichte, Bd. 2, S. 182ff/199; Staatskanzlei des Kantons Solothurn (1976)

Dieser Kampf fand zwischen dem habsburgischen Österreich und dessen mehrheitlich katholischen Verbündeten, dem deutschen Reich und dem ebenfalls habsburgischen Spanien, auf der einen Seite, sowie dem katholischen Frankreich mit den protestantischen Reichsfürsten, den Niederlanden und Schweden auf der anderen Seite statt. – Es ging dabei unter anderem um die religiöse Zwietracht zwischen katholischen und protestantischen Christen und den Kampf um die europäische Vorherrschaft.[26]

Der am 24.10.1648 abgeschlossene *Westfälische Frieden* beendete nach vierjährigen Verhandlungen in Münster und Osnabrück den Dreissigjährigen Krieg. Er bestand aus einem Friedensvertrag zwischen dem Kaiser und Frankreich (Frieden von Münster) und einem weiteren zwischen dem Kaiser und Schweden (Frieden von Osnabrück).[27]

Neuer
Auß Münster vom 25. deß Weinmonats im Jahr
1648. abgefertigter Freud-vnd Friedenbringender Postreuter.

Abb. 17 Flugblatt zum Ende des Dreissigjährigen Krieges (Universitätsbibliothek Frankfurt am Main)[28]

Das Ende des Dreissigjährigen Krieges zeichnete sich in der Schweiz unter anderem durch die Loslösung der Eidgenossenschaft vom Deutschen Reich aus.

Nach dem Ende dieses Kriegs wanderten Familien aus der Nordwestschweiz zu Hunderten in die verwüsteten und ihrer Bevölkerung weitgehend entblössten Dörfer des Elsass und der Pfalz

[26] Historisches Lexikon der Schweiz, Band 3, S.795 (2004)
[27] Historisches Lexikon der Schweiz, Band 13, S.420 (2014)
[28] Bild: blog.nationalmuseum.ch

aus. – Andererseits trieb der Krieg vor allem aus Deutschland viele Flüchtlinge in die Schweiz.

Viele deutsche Flüchtlinge, die sich während des Krieges in der friedlichen Schweiz niedergelassen hatten, kehrten jedoch auch wieder heim, und ihnen zogen zahlreiche Schweizer Bauern nach, da in den vorübergehend verödeten Tälern am Südhang des Schwarzwaldes, im Bistum Basel, später vor allem auch in der Pfalz, Heimwesen um wenig Geld käuflich waren.[29]

2.13. Der Bauernaufstand des Jahres 1653

Die nach dem Dreissigjährigen Krieg verfügte Abwertung der Berner, Solothurner und Freiburger Handmünzen (Batzen, deshalb auch "Batzenkrieg") im Dezember 1652 löste bei den ländlichen Untertanen verschiedener eidgenössischer Städteorte Widerspruch und Klagen aus.

In der ersten Märzwoche 1653 wurde das Herrschaftsgebiet der Stadt Bern von der Rebellion erfasst, etwas später folgten auch die Hoheitsgebiete der Städte Solothurn und Basel.

Abb. 18 Im schweizerischen Bauernkrieg von 1653 kommen durch die Strafgerichte der Obrigkeit – durch Erhängen und Enthaupten – mehr Menschen ums Leben als auf dem Schlachtfeld. – Bild: «EXECUTION. Geschechen in Basel» 1653 (Ausschnitt).[30]

Der Konflikt erreichte am 14.Mai eine weitere Eskalationsstufe. An diesem Tag besammelten sich Vertreter der Untertanen von Luzern, Bern, Solothurn und Basel in Huttwil zu einer weiteren Landsgemeinde und schlossen einen dritten "Bauernbund".[31]

Mit dem unglücklichen Ausgang des Bauernkrieges war der letzte spürbare Widerstand des Landvolkes gegen die städtische Herrschaft erloschen; ungefähr gleichzeitig fand sich aber auch der gewöhnliche Bürger in der Stadt endgültig mit der patrizischen Bevormundung ab.[32]

[29] Amiet Bruno, Sigrist Hans. Solothurnische Geschichte, , Bd. 2, S. 244/266/328; Staatskanzlei des Kantons Solothurn (1976)

[30] Bild: Zentralbibliothek Zürich, Graphische Sammlung und Fotoarchiv [watson.ch]

[31] Historisches Lexikon der Schweiz, Bd. 2., S.90ff (2003)

[32] Amiet Bruno, Sigrist Hans. Solothurnische Geschichte, Bd. 2, S. 518; Staatskanzlei des Kantons Solothurn (1976)

2.14. Ungleiche Besitz- und Einkommens-verhältnisse sowie eine erste Volks-zählung

Im Lauf des 17. Jh. spitzten sich auch auf dem Land die Gegensätze zwischen arm und reich zu. Einer zahlenmässig kleine Schicht von reichen Grossbauern, Wirten und Müllern stand eine wachsende Masse von ärmlichen Kleinbauern, bedürftigen Taglöhnern und mehr oder weniger dauernd Arbeitslosen gegenüber, die in kärglichen Verhältnissen lebten und sich kaum noch für etwas anderes interessierten als für die Befriedigung der unentbehrlichsten Existenzbedürfnisse.

Bei durchschnittlichen Einkommen von 4000 heutigen Franken für ungelernte Taglöhner, 5000 Fr. für gewöhnliche Arbeiter und 6000 Fr. für Spezialarbeiter erhalten die ständigen Ermahnungen der Obrigkeit zu einem mässigen und bescheidenen Leben einen sehr realistischen Hintergrund. Der kleine Bürger und Bauer lebt im allgemein überaus einfach, bezahlte für die Wohnung praktisch nichts und machte Anschaffungen von Kleidern und Möbeln höchst selten. Besonders die Alten, Witwen und Waisen standen vielfach vor der nackten Not; entsprechend häufig findet sich denn auch in den amtlichen Akten die trockene Bemerkung "ist völlig mittellos".

Im Jahre 1692 wurde erstmals eine Volkszählung durchgeführt, die offenbar als Grundlage für weitergehende Massnahmen militärischer und wirt-schaftlicher Natur dienen sollte. - Mit wenigen Ausnahmen bewegte sich im Durchschnitt die Einwohnerzahl der einzelnen Dörfer fast überall zwischen 250 und 300. [33]

2.15. Ende des "Ancien Régime"

Bis zum Ende des sogenannten "Ancien Régime", der Zeit des französischen Absolutismus vor der Revolution von 1789, stand der aristokratischen Führungsschicht die Mehrheit der politisch entmachteten Bürger gegenüber. Umso nachdrücklicher beharrten die Handwerker und Gewerbetreibenden auf ihren materiellen Nutzungsrechten. Das bewahrte sie vor der Schmälerung ihrer wirtschaftlichen Vorrechte und der Konkurrenz unwillkommener Zuzüger, und es liess sie ihre politische Zurücksetzung eher verschmerzen. [34]

---

[33] Amiet Bruno, Sigrist Hans. Solothurnische Geschichte, Bd. 2, S. 436f/519f und 532f; Staatskanzlei des Kantons Solothurn (1976)
[34] Historisches Lexikon der Schweiz, Band 11, S. 587ff (2012)

Abb. 19 Das alte Kantonsgebiet auf einer Karte von Dr. Mauriz Grim um 1700.[35]

2.16. Französische Revolution, Helvetik und Schaffung des Bundesstaats

Die politischen Umwälzungen in Frankreich ab 1789 empfand primär die Führungsschicht als Bedrohung. Zudem traf die Entlassung der französischen Schweizerregimenter nach dem Tuileriensturm das Solddienstpatriziat empfindlich. Bereitschaft zu politischen Reformen bekundeten die Räte erst im Februar 1798.

Am 5.3.1798 (Niederlagen der Berner bei Fraubrunnen sowie Grauholz) mussten die Berner vor den französischen Revolutionstruppen unter der Führung von General Balthasar Alexis Henri Antoine von Schauenburg kapitulieren.

---

[35] Autorenkollektiv, Das Guldental – Geschichte von Mümliswil-Ramiswil, Bd. 1, S. 42 (2008)

Abb. 20 Gefecht der Franzosen gegen die Berner bei Fraubrunnen. Karl von Erlach verteidigt seine zwei Vierpfünder-Kanonen. Major Dürig führt das Füsilier-Bataillon Burgdorf gegen die Franzosen. - Collection Gugelmann [Stich (Umrissradierung, koloriert) von François-Aloys Müller (1774 – ca.1811)[36]]

In der Republik Helvetien (1798-1803) war der Oberaargau in die Distrikte Langenthal und Wangen, sowie in Teile der Distrikte Büren, Burgdorf und Zollikofen des "Kantons" (Verwaltungsgebiets) Bern aufgeteilt. Das Bipperamt war dem Distrikt Wangen zugeteilt worden. Distriktshauptort war die Stadt Wangen.

Im Volksstaat Bern (seit 1803) werden zum Landesteil Oberaargau die Amtsbezirke Aarwangen und Wangen, im weiteren Sinne auch Ämter Burgdorf und Fraubrunnen gerechnet.

Der Kanton Bern entstand aus den Gebieten des eidgenössischen Städteortes (Kantons) Bern und deren Untertanen ohne den Aargau und die Waadt; es wurde 1815 auf dem Wiener Kongress wegen des Aargaus und der Waadt mit den Gebieten von Biel, Moutier und des ehemaligen Bistums Basel, die seit 1798 französisch waren, entschädigt.[37]

Unter der am 10.3.1803 eingeführten Mediationsakte war Bern einer der Direktorialkantone[38]. Das Berner Kapitel der Mediationsverfassung teilte den Kanton in die fünf Bezirke Stadt Bern, das Oberland, das Landgericht, das Emmental und das Seeland ein.[29]

Während der Helvetik gab es im Bipperamt vier Munizipalitäten: Oberbipp (Rumisberg, Oberbipp, Farnern und Wolfisberg), Attiswil, Wiedlisbach und Niederbipp (Niederbipp, Walliswil und Schwarzhäusern); jeder derselben stand ein Munizipalrat vor.

---

[36] Bild: Schweizerische Nationalbibliothek [helveticarchives.ch]
[37] Nabholz Hans, Kläui Paul, Quellenbuch zur Verfassungsgeschichte der Schweizerischen Eidgenossenschaft und der Kantone, (1940)
[38] In der Mediation (1803–1815) verwendete man die Bezeichnung 'Direktorialkanton' für derjenigen Kanton, in dem die Tagsatzung turnusgemäss tagte.

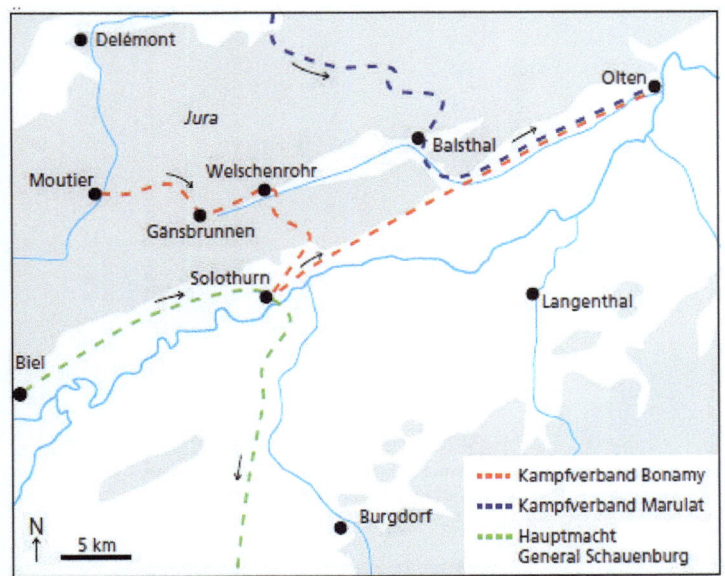

Abb. 21 Die französische Offensive gegen Solothurn und den Jurasüdfuss vom 1.– 4. März 1798 erfolgte aus drei Richtungen und führte im Falle des «Kampfverbandes Bonamy» auch via Welschenrohr über den Balmberg und durch das Bipperamt weiter Richtung Olten. Der «Kampfverband Marulat» ist seinerzeit durch das Tal der Lüssel, via Erschwil und Beinwil, über den Passwang, Mümliswil, Balsthal, durch die Klus und das Gäu Richtung Olten vorgestossen. [39]

Im Volksstaat Bern (seit 1803) hat jede der neun Bippergemeinden einen Gemeinderat, die Chorgerichte wurden aufgehoben und anstelle der alten Gerichte trat das Amtsgericht Wangen.

Der Ausbruch des indonesischen Vulkans Tambora 1815 führte im darauffolgenden Jahr in Europa und Nordamerika zu einem "Jahr ohne Sommer" und in der Schweiz zu einer schweren Hungerkrise. Dieses katastrophale Ereignis zeigt eindrucksvoll, wie Naturgewalten unser Leben auf der Erde prägen und wie globale Klimaänderungen das gesellschaftliche Leben beeinflussen können. [40]

---

[39] Backman Ylva, Fankhauser Andreas, Lanz Christian, Gräber in Welschenrohr aus der Zeit des Franzoseneinfalls; in: Jahrbücher der Archäologie und Denkmalpflege im Kt. Solothurn. (2015)

[40] http://www.focusterra.ethz.ch/sonderausstellungen/archiv/tambora und das jahr ohne sommer.html

Abb. 22 Der Ausbruch des indonesischen Vulkans Tambora im Jahre 1815, der im
Folgejahr auch in der Schweiz zu einer schweren Hungersnot führte; gemalt
von Rob Wood. [Quelle: ETHZ, focus Terra]

Schaffung des Bundesstaats

1832 gehörte der Kanton Bern dem sogenannten Siebnerkonkordat
(sicherheitspolitische Vereinbarung unter den liberalen Kantonen) an. Darin
garantierten sie sich gegenseitig ihre neuen liberalen Verfassungen und
versprachen, Streitigkeiten durch Schiedsgerichte zu lösen sowie
nötigenfalls Ruhe und Ordnung mit Waffengewalt durchzusetzen.[41]

1847 gehörte Bern zur Mehrheit der zwölf Kantone, welche die Auflösung
des Sonderbunds beschloss und vollzog. In der Volksabstimmung wurde die
Bundesverfassung von 1848 mit einer Zweidrittelmehrheit angenommen.

2.17. Neuere Geschichte

Nach der Krise der 1850er Jahre akzentuierte sich die ungleiche Bevölker-
ungsentwicklung der Regionen. Die Industrieregionen des Kantons wurden
zu Wachstumspolen, in denen es auch ausserhalb der Städte zu stadt-
ähnlichen Verdichtungen kam. Hingegen erlitten ländliche Gegenden
Bevölkerungsverluste, und das überkommene Dorfbild blieb dort weitgehend
intakt. - Das änderte sich mit der Hochkonjunktur nach dem 2. Weltkrieg. Sie
löste einen Bauboom aus und führte zu zunehmender Mobilität sowie
Zersiedelung der Landschaft.

---

[41] Genoud François, Siebnerkonkordat, im HLS, Bd. 11, S. 618ff (2012)

In der Regenerationsbewegung stieg eine neue kleinstädtische und ländliche Oberschicht ziemlich rasch in führende Stellungen in Staat und Gesellschaft auf und verdrängte dort, von einzelnen Ausnahmen abgesehen, die alteingesessenen Patrizierfamilien. Diese meist aus gewerblichen Kreisen stammenden Männer trugen ab der Mitte des 19. Jh. auch den industriellen Aufschwung oder rückten in höchste Stellungen in Politik und Wirtschaft vor.

Bis zu Beginn des 1. Weltkriegs nahm der Anteil der ländlichen Haushalte, die von der Industriearbeit lebten, markant zu: Rund um die Industriezentren rekrutierte man billigere, weil z.T. noch selbstversorgende Arbeitskräfte vom Land und transportierte sie mit Arbeiterzügen in die Fabrik. 1885-1915 vervierfachte sich die Zahl der dem eidg. Fabrikgesetz unterstellten Lohnarbeiter. Die sich in der Hochkonjunktur nach dem 2. Weltkrieg fortsetzende Industrialisierung mit 56% Industriebeschäftigten 1973 führte auch zu einem Anwachsen der ausländischen Bevölkerung sowie zu einer zunehmenden Verstädterung und Suburbanisierung um die Zentren.[42]

3. Ortschaften mit grosser Bedeutung in der Rothschen Familiengeschichte

Nachdem im Kapitel 2 das geschichtliche Umfeld beleuchtet wurde, in dem sich die Teilstämme der Rothschen Namensträger entwickelt haben, geht es im vorliegenden Kapitel darum, die Geschichte der Roth-Familien in den einzelnen Ortschaften, in denen diese vor dem Jahre 1800 eingebürgert und/oder hauptsächlich wohnhaft waren, aus der Nähe zu betrachten. – Die Ortschaften werden in alphabetischer Reihenfolge aufgeführt.

Man muss berücksichtigen, dass man überhaupt erst ab ca. 1300 über erste schriftliche Quellen zu Familiennamen in der Schweiz verfügt. Unsere alemannischen Vorfahren sind irgendwann zwischen 500 und 600 nach Christi Geburt in die Schweiz gekommen. Von diesem Zeitpunkt an bis um ca. 1300 gibt es praktisch keine schriftlichen Dokumente darüber, wer, wann, wo und unter welchem Namen gelebt hat.

Abb. 23 Blick ins Thal mit den Gemeinden Aedermannsdorf und Matzendorf.[43]

---

[42] Historisches Lexikon der Schweiz, Band 11, S. 587ff (2012)

Abb. 24 Ortschaften mit grosser Bedeutung in der Rothschen Familiengeschichte (Bürgerorte, Wohnorte von Ehrenkleidträgern u.a.). [Grundlage: Gemeindekarte der Schweiz, Bundesamt für Landestopografie, swisstopo, 2007]

Für sämtliche Fragestellungen in diesem Zusammenhang herrscht also leider über Jahrhunderte hinweg absolute Dunkelheit. Deshalb muss man davon ausgehen, dass aufgrund der übrigen, bekannten bzw. anerkannten Fakten die in die Schweiz eingewanderten Alemannen sich gemäss der im Kapitel 2.3. beschriebenen Weise verbreitet und mit den Kelten vermischt haben, dies jedoch frühestens ab ca. 1300 (falls z.B. in einem Urbar erfasst) oder dann ganz konkret erst nach dem Konzil von Trient auch schriftlich belegt werden kann, weil als Konsequenz des tridentinischen Konzils das Jahr 1580 gleich eine Reihe von Entscheidungen brachte, unter anderem die Einführung von Tauf- und Ehebüchern. Ihnen folgten die Totenbücher.

Abb. 25 Aedermannsdorf im solothurnischen Thal[43]

3.1. Aedermannsdorf SO

Die erste urkundliche Erwähnung des Ortes erfolgte 1308 als *Odermarstorf*, später erscheint der Name in den Varianten *Edermansdorf* (1318), *Edelmanstorff* (1406), *Edermarstorf* (1494). Der Ortsname geht zurück auf eine Zusammensetzung aus dem althochdeutschen Personennamen ‚Adermar' beziehungsweise ‚Odermar' und dem in alemannischen Siedlungsnamen verbreiteten Grundwort *dorf*, Weiler, Hof, Dorf, Gut.[44]

Im Mittelalter gehörte Aedermannsdorf zur Herrschaft Neu-Falkenstein. Im Jahr 1420 kam der Ort durch Kauf unter die Herrschaft von Solothurn und wurde der Landvogtei Falkenstein zugeordnet. Schon seit dem 15. Jh. gab es verschiedene Eisenschmelzen auf dem Gebiet des Dorfes. 1779 wurde die Hammerschmiede an der Dünnern gegründet.

Nach dem Zusammenbruch des Ancien Régime (1798) wurde Aedermannsdorf dem Bezirk Balsthal-Thal zugeteilt. Ebenfalls im Jahr 1798 gründete Ludwig von Roll eine Fayencefabrik, die Steingut- und Fayencegeschirr von hoher Qualität herstellte. Im 19. Jh., insbesondere von 1850 bis etwa 1870, war das Tal von schwerer Armut und Hungersnöten betroffen, so dass viele Bewohner auswandern mussten. Die Hammerschmiede wurde 1841 aufgegeben, und die Gebäude beherbergten danach eine Gerberei, eine Spinnerei und eine Uhrenschalenfabrik.

---

[43] Foto: naturparkthal.ch/leben-im-park/gemeinden/aedermannsdorf und /matzendorf.
[44] Schmid Gabrielle, Aedermannsdorf SO, in: Lexikon der schweizerischen Gemeindenamen (2005)

Die Familie Roth wird hier bereits 1481 erstmals erwähnt. Die Roth waren in der Mitte des 17. Jh. in Aedermannsdorf noch zahlreich vertreten, danach wanderten die meisten Familien ab. 1669 heisst es, *Melchior Roth* habe sich mit dreien seiner Söhne in Herbetswil niedergelassen. Anno 1714 verstarb hier *Jakob Roth*, der offenbar für lange Zeit der letzte Roth war, der in Aedermannsdorf Wohnsitz hatte.[45]

Gemäss den betreffenden Urbaren[46] aus dem 16. Jh. waren folgende Angehörige der Familie Roth <u>Landbesitzer</u>: Hans Roth (1518), Heini Roth (1545) und Gratzmann Roth (1575).

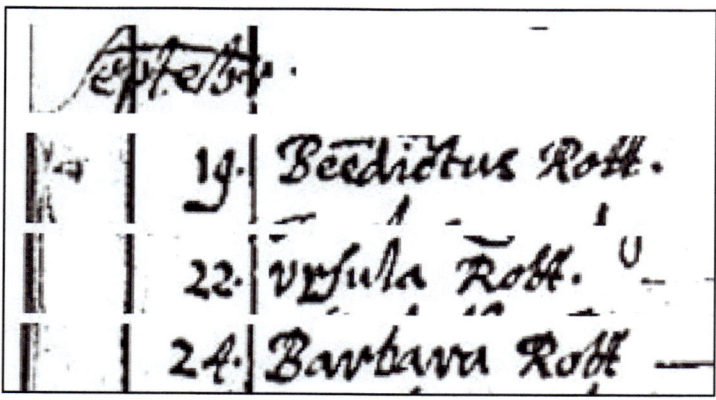

Abb. 26 Liste der im September 1629 an der Pest verstorbenen Angehörigen der Familie Roth in Aedermannsdorf.[47]

Abb. 27 Blick von der Aedermannsdorfer Allmend Richtung Süden: Rechts oben das Rüttelhorn (1193 m.ü.M.), auf dessen Südseite die Dörfer Attiswil und Rumisberg liegen.

---

[45] Vogt Albert, 700 Jahre Aedermannsdorf – 1308-2008, S. 205f (2008)
[46] Falkensteiner Urbare, Staatsarchiv Solothurn
[47] Staatsarchiv Solothurn, Pfarrbuch Matzendorf 1626-1695

Abb. 28 Attiswil aus der Vogelschau[48]

3.2. Attiswil BE

Attiswil ist nach Ansicht der Historiker alemannischen Ursprungs. Die Anfänge von Attiswil dürften ins 7./8. Jh. zurückreichen. Vorher siedelten hier Romanen, Nachfahren des keltischen Stammes der Helvetier und den Römern. - Im Mittelalter gehörte Attiswil zur Herrschaft Bipp im Bistum Basel, während westlich der Siggern (Grenzfluss) die Herrschaft Balm im Bistum Lausanne begann. Das Gebiet unterstand den Grafen von Froburg, ab ca. 1300 den Grafen von Neuenburg-Nidau, 1375 - 1379 den Thiersteinern, dann sechs Jahre lang den Kyburgern, die es dem Hause Österreich verpfänden mussten. In den Jahren 1406/13 erfolgte der Übergang der Herrschaft an die beiden Städte Bern und Solothurn, bis das Bipperamt 1463 endgültig dem Staat Bern einverleibt wurde.

Im alten Staat Bern gehörte Attiswil ins Gericht Wiedlisbach der Landvogtei Bipp, seit 1798 zum Amtsbezirk Wangen. In den Jahren 1438 und 1466 wurde die Grenze gegen die Vogtei Balm mit Solothurn ausgemarcht und 1516 der gemeinsame Weidgang aufgehoben.

Bis 1533 blieb Attiswil bei der Pfarrei Flumenthal (SO). Auch das St. Ursenstift Solothurn war im Dorf begütert, wogegen Attiswiler Bauern viel Land im Unterleberberg (SO) besassen. An der Siggern befand sich bis 1545 ein Landgerichtsstuhl mit Galgen.

Die älteste Darstellung des Gemeindewappens (s. S. 82, *Abb. 73*) ist in einem Kirchenfenster in der Kirche Oberbipp zu finden. Die Glasscheibe stammt aus dem Jahre 1659. Die Entstehung des Wappens beruht auf einer Sage, nieder-geschrieben von J.U. Flückiger (1861-1921), nach einer Erzählung von Johann Lemp (1818-1892) [49]

---

[48] Foto: yoursfotography.ch

[49] attiswil.ch (Kleine Dorfchronik)

Zu den Roth-Familien, die in Attiswil gelebt haben, findet man einiges in sehr alten Dokumenten:

In einem Urbar von 1423[50] ist Folgendes festgehalten: „Item Nigli Oby git jerlich vi sz. (Schilling) Stebler von einer schuopossen; da gehoerent diese stûk in: *git nu Cuentzi Cuonrat und **Nigli Rotten**.*"

Dieses[50] dürfte eines der ältesten bekannten Schriftstücke sein, in dem eine Person, die mit hoher Wahrscheinlichkeit eine Nachkomme von Hans Roth war, erwähnt ist.

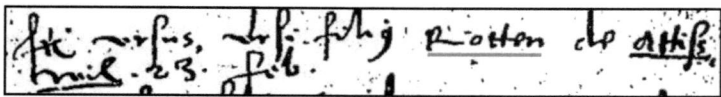

Abb. 29 Auszug aus dem Taufrodel (1542-1568) von Oberbipp[51]: Am 23. Februar 1550 wurde die Taufe von Urs, Sohn des Urs Roth von Attiswil eigetragen.

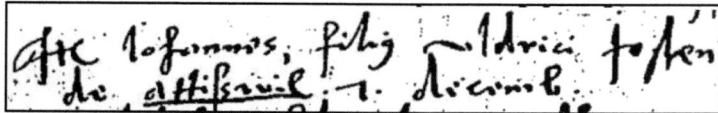

Abb. 30 Auszug aus dem Taufrodel (1542-1568) von Oberbipp[51]. Am 1. Dezember 1550 wurde die Taufe von Johannes, Sohn des Ulrich Roth von Attiswil eingetragen.

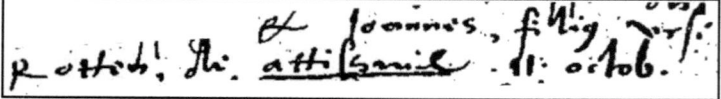

Abb. 31 Auszug aus dem Taufrodel (1542-1568) von Oberbipp[51]. Am 11. Oktober 1551 wurde die Taufe von Johannes, Sohn des Urs Roth von Attiswil eingetragen.

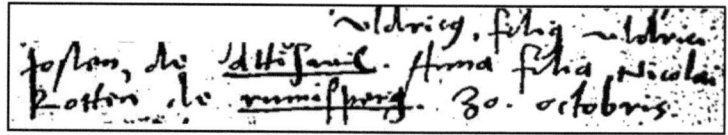

Abb. 32 Auszug aus dem Taufrodel (1542-1568) von Oberbipp[51]. Am 30 Oktober 1552 wurde die die Taufe von Ulrich, Sohn des Ulrich von Attiswil eingetragen, gleich vor dem Eintrag für die Taufe von Anna, Tochter des Nicolai Roth von Rumisberg. Da die beiden Kleinkinder am selben Tag getauft wurden, darf angenommen werden, dass die beiden Väter Brüder und deren Kinder deshalb Cousin und Cousine waren.

---

[50] Baumgartner Rudolf, Das bernisch-solothurnische Urbar von 1423, S. 72 (1938)
[51] Staatsarchiv des Kantons Bern, Kirchenbücher von Oberbipp (online-Digitalisat)

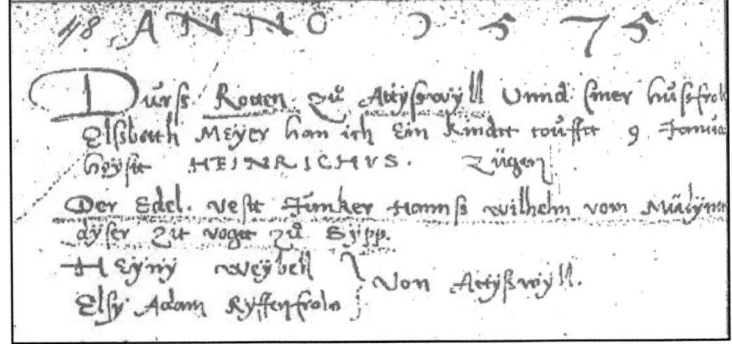

Abb. 33 Auszug aus dem Taufrodel (1542-1568) von Oberbipp[51]. Am 9. Januar 1575
wurde die Taufe von Heinrich, Sohn des Urs Roth und der Elsbeth Meyer von
Attiswil eigetragen. Zeugen waren Edelknecht Junker Hans Wilhelm von
Mülinen, Vogt zu Bipp sowie Heini Weybel und Elsy Adam von Attiswil.

3.3. Beinwil SO

Mit dem Erwerb des Balsthaler- und Guldentales 1426 war die Stadt
Solothurn ihrem Ziel, ihr Gebiet über den Passwang auszudehnen, ein Stück
näher gekommen. Mit dem Kloster Beinwil, das die Stadt schon 1415 in ihr
Burgrecht aufgenommen hatte, und dem Grafen von Thierstein pflegte sie
beste Beziehungen. Gegen 1450 wurde aber diese Verbindung getrübt, denn
Solothurn stand auf der Seite der Eidgenossen, die Thiersteiner aber auf
Seiten der Österreicher. Nach der Schlacht bei St. Jakob an der Birs 1444
wollten die Eidgenossen mit dem Adel abrechnen, der sich gegen Basel
feindlich gezeigt hatte. Am 21. April 1445 sahen die Beinwiler die solothurnischen Truppen vorüberziehen. Thierstein und Neuenstein wurden erobert
und blieben bis 1450 in solothurnischem Besitz. Auf dem Zuge über den
Passwang haben solothurnische Kriegsknechte einem Sennen in Ramiswil
eine Kuh geraubt und diese geschlachtet. Nach erfolgter Klage wurde der
Schaden später vergütet.[52]

Nach den Burgunderkriegen 1481 wurde Solothurn in den Bund der
Eidgenossen aufgenommen. In der Region Passwang wurde das freudige
Ereignis, wie auch in andern Gemeinden, mit Glockengeläute und einem
besonderen Gottesdienst gefeiert.

1499 kam es zum Schwabenkrieg. In den Dörfern zog die Mannschaft so
zahlreich aus, dass kaum noch Männer da waren zum Läuten der Glocken
und zum Begraben der Toten. Am 12. März 1499 stürmte eine Freischar aus
Thal und Gäu über den Passwang, um Büsserach zu schützen, das, wie
man glaubte, angegriffen worden sei. Auf dem Heimweg beraubten die

---

[52] Basler Chroniken V, S. 252. (1895)

zügellosen Kriegsknechte das Kloster Beinwil, weil der Abt österreichisch gesinnt war.

Am 15. Juli dieses Jahres zog ein Fähnlein Solothurner über die Wasserfallen ins Nunningertal. Sie halfen den Eidgenossen am 22. Juli bei Dornach zum Sieg.[53] / [54]

Abb. 34 Passwangstrasse[55]. In der Bildmitte ist der Hof „untere Buche" zu erkennen; vorne links der Hof „obere Buche", wo der 52. Ehrenkleidträger, Josef Roth-Dobler, gelebt hatte.

Versässni Jasser im Neuhüsli[56] (von ELISABETH PFLUGER)

„Der *Stanislaus Roth* ufem Waldestei im Beibel (Beinwil) hed nünzäh Johr s rotwyssen Ehrechleid vo der Soledurner Regierig treit. Dää hed e Chratte voll Gschichte gwüsst. Aber a jedem Heilig übe hed er i sir Famili di glychi verzellt: Im «Neuhüsli» im Beibel hei einisch· vier Kollege zäme der Chrüzjass gmacht. Es isch a der Wienecht gsi, am· Heilig Obe. Si hei aber zäme abgredt, si wöllen·am zwölfi midnanger is Chloster id' Christmettj. Deno hei si gspilt und gspilt. So veryfered hei si gjassed, dass si Chilche hei lo Chilche sy und eisder wider früsch usgee und Trumpf gmacht hei.

---

[53] Walter Max, Ortsgeschichtliches über Mümliswil-Ramiswil, S. 34f (1937)

[54] Autorenkollektiv, Das Guldental – Geschichte von Mümliswil-Ramiswil, Bd. 1, S. 68 (2008)

[55] Foto: Yesuitus2001 [wikipedia]

[56] Beinwiler Gasthaus, s. *Abb. 35*

Abb. 35 Der Gasthof Neuhüsli in Beinwil. Tonlithografie von Constantin Guise, um 1850. [Zentralbibliothek Zürich] [59]

Es hed s Erste glüüte vom Chloster, es hed s Anger glüüte. Es hed si keine druuf gachted; soo versässe si all vier·gsi. Do hed ne ufsmol ne Charte gfehlt, der Schuflechüng. Si hei die Charte ufem Tisch und ungerem Tisch gsuecht, denn uf de Stüel, aber fürechoo isch si· nid. Eine seit: «Zum Donner, ne Charte cha doch nid eifach spurlos verschwinde? Das isch jo wie verhäxed!» I däm Augeblick goht d'Türen uuf. Und wär stoht im Türgreis? E grasgrüene Geissbock. E lybhaftige Geissbock, aber grasgrün! Höch stoht er uf sine klobige Beinen obe und glotzt die Manne aa. Jetz chund er ine und stogled ufe Tisch vo dene versässene Jasser zue: Die vier Manne schiesset uuf. Sie löi d Charte fahre und fliei was gisch was hesch. Si fliei zu der hingere Türen uus, und jede springt heizue so gleitig wie ne d Bei träge.
Vo sälbem Heilig übe ewägg hed im ganze Lüsseltal niemer me gmeint, es müess ums Vertrödele gjasses si sogar no i der Heilige Zyt. Me cha ebe alles übertrybe."

48

Abb. 36 Der Hof „Obere Bueche" in Beinwil anfangs des 20. Jh.

Hofgut Buche, Oberbeinwil

«5. Sept. 1623: Die Landleute bei der Buchen gehörten jederzeit nach Falkenstein und tot und lebendig nach Mümliswil, helfen auch heute bei Tag denen von Mümliswil steuern und andere Beschwerden tragen. Sie sind deswegen auch in den Falkensteiner Schlaf- und Bürgerrodel eingeschrieben, geben auch jeder ihre 4 mäss bürgerhaber. Vor ca. vier Jahren die ehrschätze[57] von Falkenstein nach Beinwil transferiert.»[58]

Abb. 37 Aussicht ob Beinwil gegen die hohe Winde. Aquarell aus einem Skizzenheft von Anton Winterlin, um 1830. [Kupferstichkabinett Basel] [59]

---

[57] Der Ehrschatz war eine Abgabe, die man bei Haus- und Landverkäufen leisten musste.
[58] Ratsmanual Solothurn, Bd. 41, S. 26 (1623)

Abb. 38 Auf der Nordseite des Passwang. Auf der linken Seite ist der aus mehreren Gebäuden bestehende Hof „untere Buche" zu erkennen, ganz am Rand des Fotos das Hauptgebäude des Hofes „Rain".

Abb. 39 Am Weg zum Klösterchen Beinwil. Aquarell von Johann Baptist Altermatt, um 1790. [Zentralbibliothek Solothurn].[59]

---

[59] Feser Paul Ludwig, Reisen im schönen Solothurnerland, S. 47, 143, 174 und 233 (1989)

3.4. Herbetswil

Wie bereits erwähnt, entstanden im 8. und 9. Jh. im Thal alemannische Siedlungen. Die Namen der Siedlungen entstammten meist dem Anführer der Sippe. In der ersten schriftlichen Erwähnung im Jahr 1400 wurde das Dorf Herbrechtzwilr genannt. Daraus entwickelte sich über verschiedenste Formen (Ebertzwil 1444, Hebertzwill 1545, Herbetswyl 1826) Herbetswil.

Herbetswil kam mit den Herrschaften Alt-Falkenstein (1420) und Neu-Falkenstein (1402) an Solothurn und gehörte bis 1798 zur Vogtei Falkenstein sowie zum Gericht Matzendorf.

Wegen des Mangels an produktiver Fläche in Dorfnähe fehlt die Einzelhofzone, hingegen existieren Sömmerungsweidebetriebe auf der ersten und zweiten Jurakette, darunter der Vordere Brandberg als grösster Sennberg des Kantons.[60]

Laut Vogtschreiben vom 26. November 1782 ersuchte ein *Joseph Roth* beim Hammer von Herbetswil den Rat um ein neues Kleid und um ein jährliches Fruchtgehalt. Schon am 2. Dezember 1782 (RM 1782, S. 892) bewilligte der Rat: 4 grosse Malter Korn und 4 grosse Malter Haber für zwei Jahre und ein gewöhnliches Kleid.[67]

Abb. 40 Herbetswil; Luftbild aus dem Jahr 1955[61]

---

[60] Vogt Albert, Herbetswil; im HLS, Band 6, S. 287 (2007)
[61] Foto: Sammlung der ETH-Bibliothek

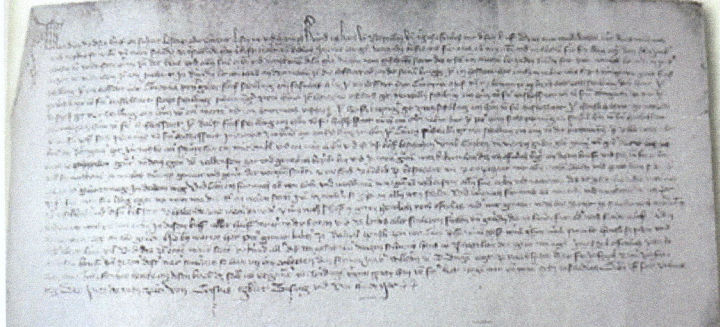

Abb. 41 Das älteste Schriftstück, welches Herbetswil erwähnt: Eine Urkunde aus dem Jahre 1400 [Quelle: StA SO, in: Herbetswil – einst und jetzt, S. 15 (2006)]

3.5. Hubersdorf

Die Herrschaft Balm, mit ihren Dörfern Balm, Günsberg, Niederwil, **Hubersdorf** und Flumenthal, gelangte nach etlichen Umwegen im Zuge der Güterkonfiszierung nach dem Königsmord von Windisch am 1. Mai 1308 nach und nach unter die Herrschaft der Stadt Solothurn. Ab 1487 waltete der Vogt der Vogtei Flumenthal über die alte Herrschaft Balm. - Mit der Mediationsakte von 1803 geht Vogtei und Gericht von Flumenthal auf den neu gegründeten Bezirk Lebern über.

Hubersdorf blieb - wie der ganze Untere Leberberg - ein Bauerndorf. Die Nachteile des 20. Jh. – an keiner Verkehrsachse gelegen, keine Industrieansiedlung u.a. – gereichen der Gemeinde heute zum Vorteil. [62]

Abb. 42 Hubersdorf[63]

---

[62] hubersdorf.ch
[63] Foto: Solothurner Zeitung

52

Abb. 43 Hubersdorf auf der Karte de Eidg. Landestopographie von 1900. Die Menge der im Ortskern eingezeichneten Liegenschaften konnte damals noch an zwei Händen abgezählt werden. Deutlich zu erkennen ist auch die Lage des Dorfes an der Kantonsgrenze zu Bern (gestrichelt mit der Markierung: I).

3.6. Matzendorf

Abb. 44 Matzendorf[64]

---

[64] Foto: naturparkthal.ch

Die erste urkundliche Erwähnung des Ortes erfolgte bereits im Jahr 968 unter dem Namen *Mazendorf*; von 1227 ist die Bezeichnung *Macindorf* überliefert. Das erste bekannte Schriftstück aber, in dem Matzendorf erwähnt ist, ist eine Urkunde König Konrads von Burgund aus dem Jahr 968. Matzendorf war zur Zeit seiner ersten Nennung im Besitz des Klosters Moutier-Grandval. Im Verlauf des 11. Jh. kam das Dorf mit seinem Dinghof an das Sankt-Ursen-Stift in Solothurn, bildete fortan eine Enklave im Gebiet der Grafen von Froburg und erlebte deswegen in der Folgezeit ein anderes Schicksal als die übrigen Gemeinden des Tales.

Im 14. Jh. verkaufte das Stift den Dinghof Matzendorf an die Grafen von Nidau. Danach gab es verschiedene Besitzerwechsel, bis das Dorf 1400 an A. Bumann von Olten kam und dabei relativ grosse Freiheiten genoss. Im Jahr 1449 gelangte Matzendorf durch Kauf an Solothurn und wurde in die Landvogtei Falkenstein eingegliedert, wobei das Dorf Sitz eines Gerichtskreises wurde. Schon seit dem 16. Jh. gab es verschiedene Eisenschmelzen auf dem Gebiet des Dorfes. - Nach dem Zusammenbruch des Ancien Régime wurde Matzendorf dem Bezirk Balsthal-Thal zugeteilt.[65]

3.7. Mümliswil

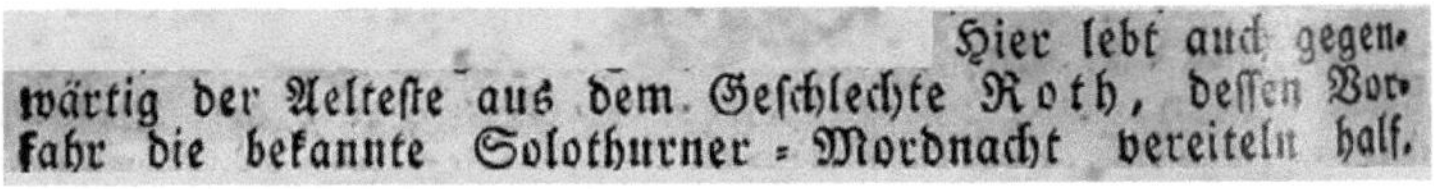

> Hier lebt auch gegenwärtig der Aelteste aus dem Geschlechte Roth, dessen Vorfahr die bekannte Solothurner - Mordnacht bereiteln half.

Abb. 45   Im Buch „Der Kanton Solothurn" von U.P. Stromeier ist anno 1836 im Text zur Ortschaft Mümliswil die abgebildete Bemerkung zu lesen.[66]

Die Faden- und Leinenbleicher waren schon früh im Guldental heimisch: Das Handwerke entwickelte sich am Wasser und hatte zum Ziel, die blassen Stoffe freundlicher zu machen. Das Bleichen war notwendig, damit der Färber die gebleichte, reinweisse Ware dann hell färben konnte. Das idealste und natürlichste Bleichmittel war eine Lauge, hergestellt mit heissem Wasser, das über einen Leinensack mit Buchenasche gegossen und in einem Zuber aufgefangen wurde. Im Guldental waren es verschiedene Familien, die das Fadenbleichen als Erwerb ausübten. Das geht aus Bevölkerungs- und Berufsstatistiken, Pfarrbüchern und Vogterlassen hervor. **Unter ihnen war vor allem eine Familie Roth.** Um das Gewerbe in grösserem Umfange als bisher betreiben zu können, wurde *Hans Roth* anno 1680 von der Obrigkeit erlaubt, sein Haus am wilden Bach - damit war wohl der Limmernbach gemeint - zu erweitern und sein eigenes bescheidenes Buchhüsli zu versetzen und zu vergrössern, um seine Manufaktur des Fadenbleichens «abkömmlicher zu verpflegen» (Actum vom 27. Jan. 1680) Das war notwendig, denn es machte sich Konkurrenz bemerkbar, und die

[65] matzendorf.ch

Abb. 46 Mümliswil (Foto: [64])

Familie *Roth* wollte das Monopol behalten. Buchhüsli waren damals üblich im Dorf.

Von der Gemeinschaft überwacht, dienten sie neben der Herstellung des Bleichmittels vorab als Ort, wo die grosse Wäsche gewaschen wurde.[66]

Anno 1730 wurde der Kreuz-Wirt *Wilhelm Roth* als ‚Seelenverkäufer' angeklagt, weil er junge Leute im Kriegsdienst nach Frankreich vermittelte. Roth wurde in Solothurn eingesperrt, aber Frankreich setzte sich für ihn ein und er wurde wieder auf freien Fuss gesetzt.[66]

Einer der Ehrenkleidträger von Mümliswil, *Wilhelm Roth*, erbat sich noch im Alter von 80 Jahren ein neues Ehrenkleid und einen Beitrag zu seiner zweiten Verehelichung (Vogtschreiben Falkenstein 1764, S. 517/518).[67] Sehr wahrscheinlich handelte es sich bei ihm um denselben Mann, der in jüngeren Jahren als ‚Seelenverkäufer' angeklagt wurde.

Anno 1794, 198 und 1799 war *Marianna Roth* offizielle Schafhirtin von Mümliswil-Ramiswil. Diese Charge wurde von der Gemeinde vergeben.[66]

Anno 1838 war *Friedrich Roth* Gemeindeschaffner: Als solcher war er Verwalter der Gemeindekasse.[66]

---

[66] Autorenkollektiv, Das Guldental – Geschichte von Mümliswil-Ramiswil, Bd. 2, S. 207, 256 und 265ff (2008)
[67] Allemann Walter, Meier Otto, 800-Jahrfeier Welschenrohr, S. 88 (1979)

Gasthof Kreuz, Hauptstrasse 6, Mümliswil, Eigentümer: Josef Roth

Bereits am 2. Mai 1597 wird als «Kreuz»-Wirt Beat Sässeli genannt. 1760 zahlt ein Nachfolger fünf Gulden Tavernengeld. Bis 1824 oder 1825 waren in Mümliswil und Ramiswil nur der Ochsenwirt Josef Ackermann und Georg Günter, Kreuzwirt. Gemäss einer weiteren Aussage war das «Kreuz» um 1840 das Lokal der Konservativen oder «Oligarchen».

In der Folge wechselten die Eigentümer mehrmals, bis der Gasthof 1979 von *Josef Roth* gekauft und umfassend renoviert wurde.

Pius Roth, Schreiner in der Schattengasse

An der «Schattengasse» werkten nicht nur die Gerber, im 20. Jahrhundert führten Vater und Sohn Pius Roth über 50 Jahre eine Schreinerei. Vater Pius (1913-1976) begann bescheiden und in engen Verhältnissen in der Altmatt, zog dann 1946 an die Förstlenstrasse um und wohnte im Haus Nr. 206, dort wo seit 2003 die Brockenstube geführt wird. Gleichzeitig baute er etwas abseits der Strasse eine Werkstatt auf, und ein Jahr später war auch sein neues Wohnhaus Nr. 402 fertig. Senior Pius Roth hatte ein grosses Betätigungsfeld. Er übernahm vereinzelt Zimmereiarbeiten, war vorab im Küchen- und Innenausbau tätig und fabrizierte Fenster und Türen. Zuerst arbeitete der Handwerker allein oder mit Aushilfen. Im Laufe der Zeit kamen jeweils ein Lehrling und ein oder zwei Vollzeitarbeiter dazu. Nach der Schulentlassung stiegen die beiden Söhne Pius und Johann ein. 1970 übernahm Pius Junior die Verantwortung bis zur Schliessung im Jahre 2005. Das Geschäftsfeld blieb nahezu gleich.[68]

Lukas Roth, Schlosser an der Förstlenstrasse

Sicher über ein Jahrzehnt hatte *Lukas Roth* (1918 - 1999) seine Schlosserwerkstatt im Haus Nr. 206. Er richtete sie nach verschiedenen anderen Arbeitsorten gegen Mitte des 20. Jahrhunderts dort ein, kurz nachdem Pius Roth in die neue Schreinerei umgezogen war.[68]

Weitere Hauseigentümer der Familie Roth (Stand 2008): [68]
Josef Roth, Eigentümer des Hauses Nr. 17c an der Hauptstrasse.
Pius Roth, Eigentümer des Hauses Nr. 216 am Förstlenweg.
Josef Roth, Eigentümer des Hauses Nr. 43 an der Dorfstrasse.
Josef Roth, Eigentümer des Hauses Nr. 283 an der Hinteren Gasse.

---

[68] Autorenkollektiv, Das Guldental – Geschichte von Mümliswil-Ramiswil, Bd. 2, S. 162, 215 und S. 257ff (2008)

Abb. 47 Geisshirt am Limmerenbach hinter Mümliswil. Gouache von Peter Birmann, um 1795. [Kupferstichkabinett Basel] [59]

3.8. Rumisberg

Rumisberg wird in einer Urkunde von 1364 mit dem Namen ‚Rumolsberg' erwähnt. Nach einer Sage hiess die Ortschaft "die fette Henne", die durch einen Bergsturz zugedeckt wurde. Bis zum Jahr 1511 bildeten die Gemeinden Farnern und Rumisberg eine Gemeinde. Das Dorf Rumisberg, in der Mundart "Runsperg" genannt, befindet sich auf einer Bergterrasse auf einer Höhe von 650 m, dazu gehören zahlreiche Einzelhöfe und die Siedlungsgebiete Weissacher und Köpfli.

Abb. 48 Das Wappen von Rumisberg (in Silber drei blaue Spitzen im Schildfuss, überhöht von einer goldbesamten roten Rose mit grünen Kelchzipfeln).

Der heutige Wappeninhalt ist ein älteres sprechendes Wappen, das den Namen des Ortes ver sinnbildlicht mit einer Ergänzung der bernischen Wappenkommission von 1945: Die 1945 bei gefügte rote Rose soll an den mutigen Rumisberger Hans Roth erinnern.

Im südlichen Dorfeingang steht das Haus des <u>Hans Roth</u>. Im Jahr 1382 hat dieser die Stadt Solothurn vor dem von Grafen Rudolf von Kyburg geplanten Überfall gewarnt. Als Andenken und zum Schmuck der Ortschaft steht auf dem Dorfplatz der Hans Roth Brunnen.[69] - S. dazu auch *„Hans Roth, der Retter Solothurns"* (S. 69)

Der Hans Roth-Brunnen auf dem Dorfplatz in Rumisberg

'Die grosse Tat des Hans Roth, welche dem Namen der Ortschaft Rumisberg nationale Bedeutung bescherte, soll mit einem Denkmal in diesem Dorf gewürdigt werden.' - Dies war die Meinung einiger Gemeindebürger von Rumisberg, welche sich im Jahre 1956 zu einem Aktionskomitee für einen Hans Roth-Brunnen auf dem Dorfplatz zusammengeschlossen haben.

Nach umfangreichen Verhandlungen u.a. mit den Kantonsregierungen von Solothurn und Bern, konnte am 11. und 12. September 1965 der Hans Roth-Brunnen eingeweiht werden. Einige Details über die Entstehungsgeschichte des Hans Roth-Brunnens sind nachfolgendem Auszug aus dem Protokoll des Regierungsrates des Kantons Solothurn Nr. 2437, vom 30. April 1963 zu entnehmen:
" Im Jahre 1960, anlässlich einer Feier mit dem Träger des Hans Rothschen Ehrenkleides in Rumisberg, ist vom damaligen, seither verstorbenen Lehrer Hans Krebs in Rumisberg die Anregung gefallen, in Rumisberg ein Hans Roth Denkmal zu erstellen. Herr Jean Hutter, Bildhauer in Solothurn wurde damals von den Vertretern der Gemeinde Rumisberg beauftragt, ein Modell zu erstellen. Er kam diesem Auftrag nach und hat der Gemeinde Entwürfe unterbreitet, wovon einer allgemeine Zustimmung fand.

---

[69] rumisberg.ch

Abb. 49   Der Hans Roth-Brunnen auf dem Dorfplatz in Rumisberg.[70]

Wegen der Ungewissheit der Gestaltung des Dorf- und Schulhausplatzes und dem Tod des Initianten Hans Krebs, verzögerte sich das Vorhaben bis in das Jahr 1962. Am 21. April 1963 fand im Rathaus in Solothurn eine Besprechung der Vertreter von Rumisberg mit Herrn Landammann Dietschi, Herrn Regierungsrat Vogt und Herrn Staatsschreiber Schmid statt, wobei die Mithilfe des Kantons Solothurn zugesichert wurde.

Der Regierungsrat des Kantons Bern hat dem Vorhaben ebenfalls zugestimmt und sich bereit erklärt, die Hälfte der Kosten für das Denkmal zu übernehmen, sofern sich der Kanton Solothurn in gleicher Weise am Werk beteilige.

Durch das Initiativkomitee wurde auch die Einwohnergemeinde Solothurn um eine Beteiligung angegangen. Diese lehnte jedoch mit Schreiben vom 9. April 1963 einen Beitrag ab mit der Begründung, sie werde ebenfalls, früher oder später, ein Hans Roth Denkmal in der Nähe des Baseltores erstellen, ohne dannzumal die Mithilfe von Rumisberg nachzusuchen".

Die Anlage von 1965 besteht einerseits aus dem Brunnen, andererseits aus der vollplastischen Hans Roth-Skulptur, die von Schang Hutter gefertigt wurde. Sowohl der Brunnentrog wie auch die Skulptur wurden aus Kalkstein gefertigt. Der Brunnentrog wird von einer winkelförmigen gusseisernen Röhre gespiesen. Der längsrechteckige Trog weist abgerundete Ecken auf.

---

[70] Foto: langenthalertagblatt.ch

Bei den Vätern der sechs Kinder, deren Taufe in den folgenden Auszügen aus dem Taufrodel von Oberbipp bezeugt wurde, dürfte es sich um Söhne desjenigen *Hans Roth* von Rumisberg handeln, der als erster auf der Liste der Ehrenkleidträger aufgeführt ist.

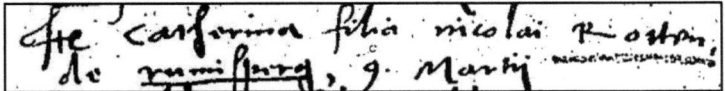

Abb. 50 Auszug aus dem Taufrodel (1542-1568) von Oberbipp[71]: Am 9. März 1550 wurde die Taufe von Catharina, Tochter des Nicolai Roth von Rumisberg eigetragen.

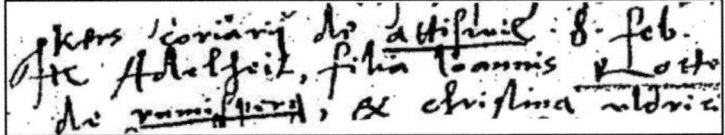

Abb. 51 Auszug aus dem Taufrodel (1542-1568) von Oberbipp[71]. Am 8. Februar 1551 wurde die Taufe von Adelheid, Tochter des Johann Roth von Rumisberg eigetragen.

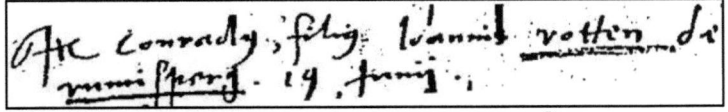

Abb. 52 Auszug aus dem Taufrodel (1542-1568) von Oberbipp[71.] Am 19. Juni 1552 wurde die Taufe von Conrad, Sohn des Johann Roth von Rumisberg eigetragen.

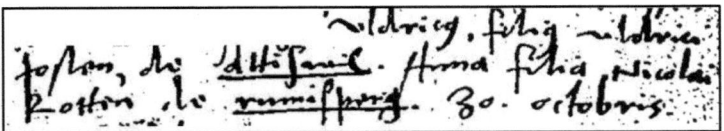

Abb. 53 Auszug aus dem Taufrodel (1542-1568) von Oberbipp[71.] Am 30. Oktober 1552 wurde die Taufe von Anna, Tochter des Nicolai Roth von Rumisberg eigetragen, gleich nach dem Eintrag für die Taufe von Ulrich, Sohn des Ulrich von Attiswil. Da die beiden Kleinkinder am selben Tag getauft wurden, darf angenommen werden, dass die beiden Väter Brüder und deren Kinder deshalb Cousin und Cousine waren.

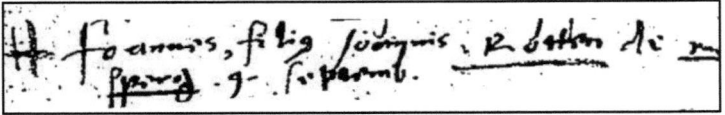

Abb. 54 Auszug aus dem Taufrodel (1542-1568) von Oberbipp[71.] Am 9. September 1554 wurde die Taufe von Johann, Sohn des Johann Roth von Rumisberg eigetragen.

---

[71] Staatsarchiv des Kantons Bern, Kirchenbücher von Oberbipp (online-Digitalisat)

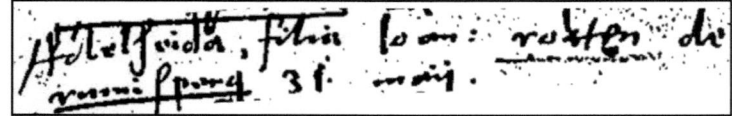

Abb. 55 Auszug aus dem Taufrodel (1542-1568) von Oberbipp[71.] Am 31. Mai 1556 wurde die Taufe von Adelheid, Tochter des Johann Roth von Rumisberg eigetragen.

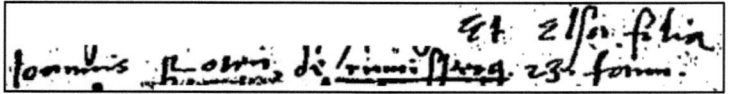

Abb. 56 Auszug aus dem Taufrodel (1542-1568) von Oberbipp[71.] Am 23. Februar 1558 wurde die Taufe von Elsa, Tochter des Johann Roth von Rumisberg eigetragen.

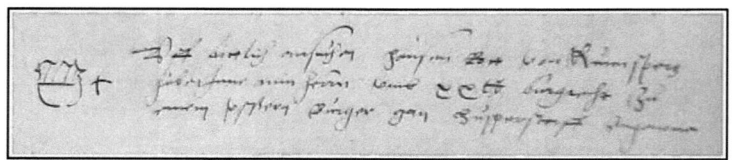

Abb. 57 Auszug aus Ratsmanual 1573 von Solothurn[72]: Erwähnt wird an dieser Stelle 'Hans Rott von Rumisberg, Bürger zu Hubersdorf'. Der 11. Ehrenkleidträger gemäss der Liste des Staatsarchivs SO (s. dazu *Abb. 73*) war Hans Roth von Hubersdorf. Dieser hat das Ehrenkleid am 24. Januar 1618 erhalten und war somit höchstwahrscheinlich eng mit dem im Auszug genannten Hans Roth verwandt

3.9. Welschenrohr

Welschenrohr blickt auf eine über 800-jährige Geschichte zurück. Die erste Erwähnung finden wir in einer Urkunde von Papst Alexander III. datiert vom 27.Februar 1179 an das Chorherrenstift Münster-Granfelden, in der er dessen Besitzungen bestätigte. In dieser Bulle des Papstes steht zu lesen:

«Villam de Rore cum capella et maiore parte decimarum.» (Das Dörfchen Rore mit einer Kapelle und dem grössten Teil des Zehnten).

Der Name Rohr stammt aus dem lateinischen Wort rosaria, was auf ein Gebiet hinweist, in dem Schilf und Binsen wachsen. Davon ist auch der welsche Name Rosières abgeleitet. Die Nähe zum Welschland dürfte auch die Ergänzung des Ortsnamens zu Welschenrohr bewirkt haben.

Um 1400 zählte man kaum mehr als 30 Einwohner, 1514 war die Bevölkerung auf 60 Personen angestiegen. Anfangs des 15. Jh. dehnte die Stadt Solothurn ihre Interessen auf die Gebiete Thal und Gäu aus. Mit der

---

[72] Ratsmanuale von Solothurn, Bd. 77, S. 90 (1573) [Quelle StA SO]

Probstei Moutier-Grandval (Münster-Granfelden) ging sie 1404 ein Burgrecht ein, was eine grössere Sicherheit gegenüber politischen Angriffen gewährte.

Nach Ausbruch der Reformation mussten der Probst und die Chorherren von Moutier-Grandval flüchten, zuerst nach Solothurn und dann nach Delsberg (1531). Rohr kam so unter solothurnische Herrschaft. 1569 verkaufte das Stift den Kirchensatz von Rohr um 150 Kronen an die Stadt Solothurn.[73]

Vor langer Zeit war das Geschlecht der Roth in Welschenrohr stark vertreten. Ursprünglich wohl Sennen oder Landwirte, waren sie später auch in öffentlichen Ämtern (Ausschussmitglieder, Kommissionsmitglieder, Ammann, Gemeinderat, Bäcker und Wirt, Zimmermann, Fuhrmann, Gemeindeschreiber, Friedensrichter usw.), als Mitbegründer oder Verwaltungsrat der Uhrenindustrie von Welschenrohr zu finden. Entsprechend den erworbenen Ämtern waren sie nun auch Liegenschaftsbesitzer.[74]

Anno 1627 hat *Melchior Roth*, gewesener Chorherr zu Schönenwerd, einen Beitrag von 120 Kronen von sogenanntem „Sequestrierten-Geld"[75] als Beitrag an den Kirchenbau zu St. Josef in Gänsbrunnen geleistet.[76]

Der 24. Träger des Ehrenkleides

Niklaus Roth, von Welschenrohr, erhielt am 12.8.1750 Ehrenkleid und Ehrensold. Geboren 2. 11.1677, gestorben 10. 1.1759, Sohn des Jakob und der Barbara Uebelhart, verheiratet mit Magdalena Fluri. Der Grossvater des Niklaus Roth, Melchior Roth, von Herbetswil, war der 16. Träger des Ehrenkleides und wurde am 6. 9.1668 geehrt. Er war der Sohn des Benedikt und der Barbara Hug, verheiratet mit Magdalena Fluri.

Niklaus „Claus" Roth war Weibel in Solothurn der erste Träger des Hans Roth'schen Ehrenkleides aus Welschenrohr. In seinem Weibeldienst hatte er sich während langen Jahrzehnten so treu und pflichtfertig erwiesen, dass er die besondere Gunst der Obrigkeit genoss und auch als Ehrenkleidträger bedeutend reichlicher bedacht wurde, als seine Vorgänger: Statt eines blossen Rockes oder Mantels ein ganzes Kleid mit Kappe und Strümpfen, dazu eine jährliche Gabe von je ein Malter Korn und Hafer und 16 Pfund in Geld.[77]

Nach dem Tod von Claus und Madlen Fluri wurde Hab und Gut versteigert, da es keine direkten volljährigen Nachkommen gab. Das „Haus, Hausmatt und Garten stosst mittags an die Dünnern, Mitternachts an die Landstrass,

---

[73] welschenrohr.ch

[74] amsagrenchen.com/niklaus-claus-roth/

[75] Eine vorläufige Sequestration anordnen heisst, dass der Sequester dann dafür sorgt, dass das restliche Vermögen gesichert wird.

[76] Allemann Walter, Meier Otto, 800-Jahrfeier Welschenrohr, S. 17 (1979)

[77] Sigrist Hans, Hans Roth von Rumisberg, im: Jahrbuch des Oberaargaus, Bd. 2, S. 34ff, 45ff und 69f (röm.) und S. 138f (1959)

Bysen an Hrn Landvogt Amantz Sury, hinterwinds an Urs Übelhard dem Würth"[78]. Die Liegenschaft lag also mitten im Dorf.

Abb. 58 Welschenrohr gegen den Vorderbrandberg. Ausschnitt aus Gouache von Johann Christian Flury (1853) [Privatbesitz][79]

Für damalige Verhältnisse hatte Niklaus Roth eine kleine Familie. Und dies setzte sich auch bei Ursus Roth fort. Allerdings wohl nur, weil er schon mit 37 Jahren starb, rund 10 Monate nach der Geburt von Antonius. Über den Tod von Mutter Ursula Bintz ist nichts bekannt. Sie scheint aber schon früher im Jahr verstorben zu sein, eventuell bei der Geburt von Antonius. Am 22. Christmonat 1749 wurde jedenfalls die ganze Hinterlassenschaft von Ursus Roth und Ursula Bintz versteigert [78]. Die Summa ganzer Losung betrug 1281 Gulden. Abzüglich der Schulden verblieben 705 Gulden, welche später als Erbe an Antonius gingen. - Noch 10 Jahre konnte Antonius seine Grosseltern erleben, welche beide 1759 starben.[78]

Der 33. Träger des Ehrenkleides

Der Enkel von Nr. 24, *Anton Roth,* von Welschenrohr, wurde am 28. Juli 1828 mit Ehrenkleid und Ehrensold bedacht. Geboren 10. Januar 1749, gestorben 8. Mai 1835, Sohn des Urs und der Ursula Binz, verheiratet mit 1. Katharina Grolimund, 2. Maria Barbara Christ.

Antonius Roth hatte 16 Kinder aus zwei Ehen. Vier Kinder scheinen früh verstorben zu sein. Nach zehn Jahren Ehe starb 1784 seine erste Ehefrau Katharina Grolimund. *Dem* Inventarium über die Verlassenschaft der

---

[78] Staatsarchiv Solothurn, Ganten & Steigerungen 1848 – 1770, Bd. III, N°5, 15, u. 22]
[79] Feser Paul Ludwig, Reisen im schönen Solothurnerland, 235 (1989)

ehrenden Katharina Grolimund vom 21ten Jenner 1785[80] kann entnommen werden, dass Antonius ein „älterliches" Erbe von £ 105 , Katharina hingegen von £ 500 in die Ehe eingebracht hatte. Dazu hatte er bereits vor der Ehe Güter (Matt- und Ackerland) im Wert von £ 600 erkauft. Insgesamt wurde in dieser Ehe £ 600 „Gut gewonnen". Davon gebühren dem Mann ⅔ und der Frau ⅓.

Selbst war Antonius, ursprünglich als Säumer bezeichnet, auch für die Gemeinde aktiv. 1789 als Ausschussmitglied „Antrag Ergänzung des Dorfbriefes für Welschenrohr durch den Landvogt Sury", Ausschussmitglied zum Holzfrevel sowie als Gerichtssäss (1810 – 1814, im Hypothekenbuch 1830 als „alt Gerichtssäss" bezeichnet).

Ende Januar 1811 hat Johann Uebelhart, der als Friedensrichter auch Gemeinde-Oberhaupt war, gemeinsam mit *Anton Roth*, des Gerichts, ein Schreiben an die Regierung gerichtet, in dem Hilfe für arme und bedrängte Bürger erbeten wurde.[67]

1817 war er Befürworter für die Verteilung der Allmend an die Bürger. 1820 hat er ein zusammen den Auftrag erhalten, 800 Bergklafter Holz vom Scheiterwald auf den Weissenstein zu führen (entspricht heute 4320 Ster). - Anno 1828 wurde *Anton Roth* zusammen mit vier anderen Welschenrohrern vom Finanzrat des Kantons Solothurn schriftlich belobigt, weil er sich durch „das Hervorbringen guter Wirkungen" im Zusammenhang mit der Benutzung der Allmend ausgezeichnet hatte. [67]

1832 wurde *Anton Roth*, Antons Sohn, zum Rottmeister der Feuerwehr (Anführer der Feuerlöschrotte) ernannt. [67]

Der 43. Träger des *Ehrenkleides*

Franz Josef Roth, Sohn von Nr. 33, geboren 17. Januar 1806, gestorben 26. Oktober 1890, verheiratet mit Anna Maria Fluri. Ehrung am 15. Mai 1885.

Der 50. Träger des *Ehrenkleides*

Anton Romuald Roth, von Welschenrohr, Enkel von Nr. 33, geboren 5. Februar 1836, gestorben 15. Januar 1927, Zimmermann, Sohn des Peter und der Maria Elisabeth Studer, verheiratet mit Katharina Allemann. Das Kleid wurde ihm vom Regierungsrat am 1. März 1922 überreicht; am Sonntag, 21 . März, wurde der Geehrte vom Gemeinderat vor seinem Hause abgeholt und feierlich zur Kirche begleitet. Neben dem Ehrenkleid in den Standesfarben Rot und Weiss erhalten die Träger auch einen Ehrensold. Dieser beträgt zurzeit jährlich 500 Franken.[81]

---

[80] Staatsarchiv Solothurn, Inventar & Teilung 1771 – 1813 Band II
[81] Allemann Walter, Meier Otto, 800-Jahrfeier Welschenrohr, S. 87f, 92ff, 110, 122, 126f, 137, 159ff, 170f, 190f, 220, 226 und 259 (1979)

Ende Januar 1798 beteuerten die Welschenrohrer der Regierung in einem Schreiben an den Vogt zu Falkenstein ihre Treue:

Abb. 59 Welschenrohr[82]

„Durch einen Ausschuss der Ehrsamen Gemeinde Welschenrohr erhalten wir soeben eine an uns gerichtete, durch Johann Allemann des Gerichts, *Anton Roth*, des Gerichts und anderen, im Namen aller dasigen Gemeinsgenossen unterzeichnete Erklärung in welcher diese Gemeinde bey gegenwärtiger dem Vaterland drohenden Gefahr über ihre Standhaftigkeit in unserer katholischen Religion auch in unzertrennlicher Anhänglichkeit, Liebe und Gehorsam an Uns als ihre rechtmässige und bestgeneigte Obrigkeit die teuersten Versicherungen von sich stellt." – Schon Mitte August desselben Jahres mussten sie dann jedoch wohl oder übel den Eidschwur auf die neue, den Franzosen gehorchende Regierung ablegen. [67]

Abb. 60 „Michel-Sepps" Haus in Welschenrohr: Anno 1828 (Fertigung vom 22. April 1828) war Ludwig Roth, Antons Sohn, Besitzer. Das Haus war für 1000 Fr. versichert.[83]

---

[82] Foto: amsagrechen.ch
[83] Bild: Allemann Walter, Meier Otto, 800-Jahrfeier Welschenrohr, S. 269 (1979)

Im Mai 1833 wurde *Johann Georg Roth*, Wirt, zum Mitglied und Schreiber der ersten Schulkommission von Welschenrohr gewählt. [67]

1836: Das Einbringgeld der Brüder *Niklaus und Johann Roth* («von ihren frömden Weibern) von je 150 Franken soll bis auf den Rest von 1 Franken 27 Rappen für das Schulhaus verwendet werden[81].

Anno 1831-1843 war *Joseph Roth* (1788-1857) und 1847-1856 sein Namensvetter *Joseph Roth* Gemeindeammann von Welschenrohr. [67]

Urs Joseph Severin Roth, Bäcker und Kreuzwirt von 1838 – 1857 (dazu hatte er 1838 die Wirtschaft Kreuz, Haus N° 43 & 44, für £ 7750 ersteigert), war von 1831 bis 1843 und 1847 bis 1856 der erste Gemeindeammann von Welschenrohr, zudem Friedensrichter und später während zehn Jahren (1846-1856) Kantonsrat. [67]

Von 1843 bis 1844 war *Josef Michael Roth* Gemeindeschreiber von Welschenrohr. [67]

Anfangs Januar 1847 wurde *Friedensrichter Roth* als einer von vier Mitgliedern in die Armenkommission gewählt. [67]

Michael Johann Roth (1802-1868) war Vater von 13 Kindern, wovon zwei in den Kindsjahren verstorben sind[84]. Michael scheint neben seinem Beruf als Vieharzt noch kurze Zeit als Gemeindeschreiber tätig gewesen zu sein. Um den Holzfrevel zu bekämpfen wurden 1832 von der Gemeindeversammlung vier Aufsichter gewählt, zu denen auch Michael gehörte[81].

Anlässlich der Erbteilung 1835 von seinem Vater *Antonius* kam *Michael* zu ziemlich viel Land. Unter anderem wurde die Liegenschaft N° 69 im Dorf mit dem Haus N° 5, dem Speicher N° 6 und dem Weiher in der Grösse von 3 Jucharten, geteilt. Sein *Bruder Franz Joseph* erhielt die Hälfte des östlichen Landes mit dem Wohnhaus entlang dem Mühlebach (gegen Morgen) bis zur Dünnern (Grossbach genannt, gegen Mittag), dem halben Speicher sowie dem Weiher (gegen Morgen). *Michael* erhielt die Hälfte des Landes gegen Westen (Abend) und den halben Speicher[85]. Hier erstellte Michael nun ein neues Wohnhaus N° 5a, direkt angebaut an das bestehende elterliche Haus N° 5 (heute sind die Hausnummern gerade umgekehrt), sowie den Schopf N° 176.

Michael scheint ein schwieriges Leben gehabt zu haben. Denn er verkaufte mit der Zeit Stück um Stück seiner landwirtschaftlichen Flächen.

Den 29. Wintermonat 1840: Zweitens wurde beschlossen, mit dem *Michael Roth* wegen dem Ziegenbock, welchen er haben sollte, laut Gemeindebeschluss vom 1. Jänner vor den Richter lassen zitieren. Bis 1844 mussten die Ziegenhalter den Ziegenbock der Reihe nach halten.[81]

---

[84] Zivilstandsamt Kreis Thal-Gäu, Bürgerfamilienregister
[85] Staatsarchiv Solothurn, Hypothekenbuch, N° 69 und 710

1847 schliesslich wurde Michael „vergeldstagt" (Konkurs) und seine letzten Liegenschaften wurden versteigert. Die obengenannte Hofstatt mit dem neuen Haus (heute Parzelle 481) wurde von seiner Frau Katharina Wiss für Fr. 2130 ersteigert und zum Teil mit Hypotheken finanziert[85].

Abb. 61   Die zwei Wohnhäuser N° 5, links von Anton Roth / Franz Joseph (von Anton 1792 von Johann Allemann gekauft) und rechts das ungefähr 1836 angebaute von Michael Roth. 1841 musste zum ersten Mal Land für die „neue Landstrasse" abgetreten werden. Deshalb gibt es wohl auch keine Vorgärten mehr. Die noch ursprünglich erhaltenen Häuser vertreten die Thaler Bauweise zu Beginn des 19. Jahrhunderts.[86]

1868 stirbt *Michael Roth*, 66 Jahre alt. Von den 11 Kindern waren *Ferdinand, Albert* und *Urs Roth* zu diesem Zeitpunkt noch minderjährig. Aus dem Inventar über den Vermögensnachlass[87] ist ersichtlich, dass ohne das von Katharina Wiss eingebrachte Erbgut von Fr. 2320 kein Vermögen mehr vorhanden gewesen wäre. Bis 1884 wohnte Katharina Wiss im obengenannten Haus und sorgte für Erziehung und Ausbildung der Kinder. Ab 1884 bis zu ihrem Tode 1888 wohnte sie bei der Familie des Uhrmacher-Visiteurs Alfred Oppliger und seiner Frau, Tochter *Margaritha Roth* und *Urs Roth*, Lehrer, in Grenchen.

Urs Joseph Roth, Michaels ältester Sohn, wuchs in Welschenrohr auf und besuchte die dortigen Volksschulen. Etwa von 1876 – 1878 besuchte er das Lehrerseminar in Solothurn.- 1884 heiratete *Urs Roth* in Grenchen Anna Häfeli von Mümliswil. Der Ehe entsprangen von 1885 bis 1894 sechs Kinder, wobei eine Tochter bald nach der Geburt starb. - Ab 1878 bis 1882 war er Lehrer in Bettlach, danach bis zu seinem Hinschied im Jahr 1928 Lehrer in Grenchen. Insgesamt war er also 50 Jahre lang als Lehrer tätig.[88]

---

[86] Loertscher Gottlieb, Die Kunstdenkmäler des Kantons Solothurn, S. 117 (1957)

[87] Staatsarchiv Solothurn, Inventar & Teilungen Welschenrohr 1867 – 1872, N° 19 vom 25. Jänner 1869, Band B 15

[88] amsagrenchen.com

1. November 1873: „. . . in betref Understüzung der Familie des *Alois Roth* von Welschenrohr wohnhaft im Kalberweidli Gemeinde Biberist wan sich desen Efrau mit ihren Kindern nicht ausbringen köne so sol si in hiesige Gemeinde komen, da werte man sie unterstützen u. ihr die Bewilligung erteilen das sie mit ihren Kindern in der Kehr gehen dürfe." - Im Januar des folgenden Jahres wurde dieser Familie erlaubt, dass sie von Haus zu Haus Lebensmittel einsammeln dürfe. [67]

Im Jahre 1889 war Frau *Amalia Roth* Mitglied der erweiterten Arbeitsschulkommission. [67]

„Den 5. Juny 1870 *420* wurte dem *Joh. Joseph Roth* Fuhrmann mit einwiligung des Bezirksförsters zu seinem Wohnhaus Nr. 14 zu einem neüen Dachstuel Bauholz zu verabfolgen bewiliget. Derselbe obgenant Roth sole aber den Gibel gegen Abent mit Ziegeldach beschlagen." [67]

Die Söhne *Viktor* und *Georg Roth* wanderten nach Amerika aus. Für *Georg* wird als Aufenthalt New York und als Beruf Grocer (Krämer) angegeben. Er war der Pate von *Aline Roth*, der ersten Tochter von *Urs Roth*. *Viktor Roth* wurde 1913 vom Amtsgericht Balsthal als verschollen erklärt. Es sind keine weiteren Daten bekannt.

Die beiden Söhne *Karl* und *Johann Joseph* von *Michael* waren beide Uhrmacher und in Münster tätig.[88]

1892 konnte *Urs Joseph Roth* das Wohnhaus mit Scheune an der Bahnhofstrasse 16 in Grenchen von Frau Lucrezia Dorer, Witwe Schild, kaufen, welches 1883 erbaut worden war. Noch im September 1928, kurz vor seinem Hinschied, reichte *Urs Roth* ein Baugesuch ein. Ziel war der Umbau des angebauten Holzschuppens in Backsteinmauerwerk und mit flachem Dach aus Beton und Einbau eines Badezimmers. - Nach dem Tod von *Urs Roth* wurde das Haus von *Sohn Walter Roth* übernommen. Im Sommer 1913 heiratete Walter Roth Aline Martha Michel. 1932 reichte er ein Baugesuch für ein neues Waschhaus auf der Nachbarparzelle 3168 ein, welches wohl dem Mieter dienen sollte. - Nach dem Tod von Walter Roth 1934 wurde das Haus verkauft.

1910. 4. August. *Aline, Ella, Lisa* und *Maria Roth, Töchter von Urs Joseph Roth* (Lehrers), von Welschenrohr, alle in Grenchen, haben unter der Firma Schwestern Roth in Grenchen eine Kollektivgesellschaft eingegangen, welche am 1. Juli 1907 begonnen hat. Zur Vertretung der Gesellschaft sind allein befugt: Aline und Ella. Natur des Geschäfts: Weisswarengeschäft und Wäschefabrikation. Geschäftslokal: Bahnhofstrasse. Offenbar war das Verkaufslokal im Laden des väterlichen Hauses untergebracht.

1918. 28. November. Die Kollektivgesellschaft unter der Firma *Schwestern Roth*, Weisswarengeschäft und Wäschefabrikation, in Grenchen[89], hebt die bisherigen Zeichnungsberechtigungen auf. Es sind nunmehr zu zeichnen befugt mit Einzelunterschrift: *Aline Roth, Ursen*, von Welschenrohr, in St.

---

[89] SHAB Nr. 205 vom 9. August 1910

Moritz, und *Lisa Häsler-Roth*, Ehefrau des Ernst Häsler, Friedrichs, von Gsteigweiler (Kt Bern), in Grenchen.

1924. 27.Mai. Die Kollektivgesellschaft unter der Firma «*Schwestern Roth*», Weisswarengeschäft und Wäschefabrikation, in Grenchen[90], hat sich aufgelöst. Die Liquidation wird unter der Firma Schwestern Roth in Liquid, durch die bisherigen Gesellschafterinnen Fräulein Aline Roth und Frau Lisa Häsler-Roth, beide in Grenchen wohnhaft, besorgt, welche einzeln die rechtsverbindliche Unterschrift führen.

Ella Lehmann-Roth wohnte später in Bern und hat dort viele Näh- und Stickarbeiten für die Christkatholische Kirche in Bern ausgeführt.

Lisa und Ernst Häsler-*Roth* blieben bis 1927 in Grenchen. Offenbar betrieb sie das Weisswarengeschäft und Ernst die Agentur der Winterthur-Versicherung. Danach zogen sie ins Oberland und gründeten ein Comestibles Geschäft in Gstaad. Bald konnten sie auch ihr Eigenheim an der Grubenstrasse 60 bei Gstaad beziehen. [88]

Von 1948 bis 1951 waren Frau *Alice Roth* und von 1973 bis 1974 Frau *Cäcilie Roth* Schulmeisterinnen von Welschenrohr. [67]

Abb. 62 Welschenrohr, Luftbild aus dem Jahr 1962[91]

---

[90] SHAB Nr. Nr. 205 vom 9. August 1910 und Nr. 284 vom 3. Dezember 1918
[91] Foto: Werner Friedli [Sammlung der ETH-Bibliothek]

4. Genealogie der Roth

4.1. Teilstamm Attiswil

Für die erfassten genealogischen Daten stehen verschiedene Darstellungsmöglichkeiten zur Verfügung. Unter anderem der klassische Stammbaum, die Darstellung als „Sanduhr", oder der Nachfahrenbaum.

Der im vorliegenden Fall gewählte Nachfahrenbaum zeigt alle Nachkommen einer Person, angefangen mit deren Kindern, dann der Enkel der betreffenden Person, deren Kinder usw. Durch Verschiebung um eine Position nach rechts bei der Auflistung der Kinder und Kindeskinder wird im somit entstandenen Diagramm ersichtlich, wie viele Generationen der Nachfahrenbaum zeigt.

Die hinter dem jeweiligen Namen in eckigen Klammern angeführten Ziffern haben keine genealogische Bedeutung; sie entstammen der für die Verwaltung der Daten benutzten Software.

Vorname	Jahr	Ort	Bemerkungen	
Urs	1548	Attiswil	*	
Urs	1578	Attiswil	* (Sohn ?)	
NN	1586	Attiswil	*	
Urs	1595	Attiswil	*	
Hans	1618	Hubersdorf	*	+1642
Franz Josef	1851	Hubersdorf	*	1772-1853
Wilhelm Hans Heinrich	1950	Bellach		*1868

* Hier bestanden wahrscheinlich enge verwandtschaftliche Beziehungen (Sohn, Bruder, Enkel, Cousin, Neffe u.a.)

4.2. Teilstamm Thal

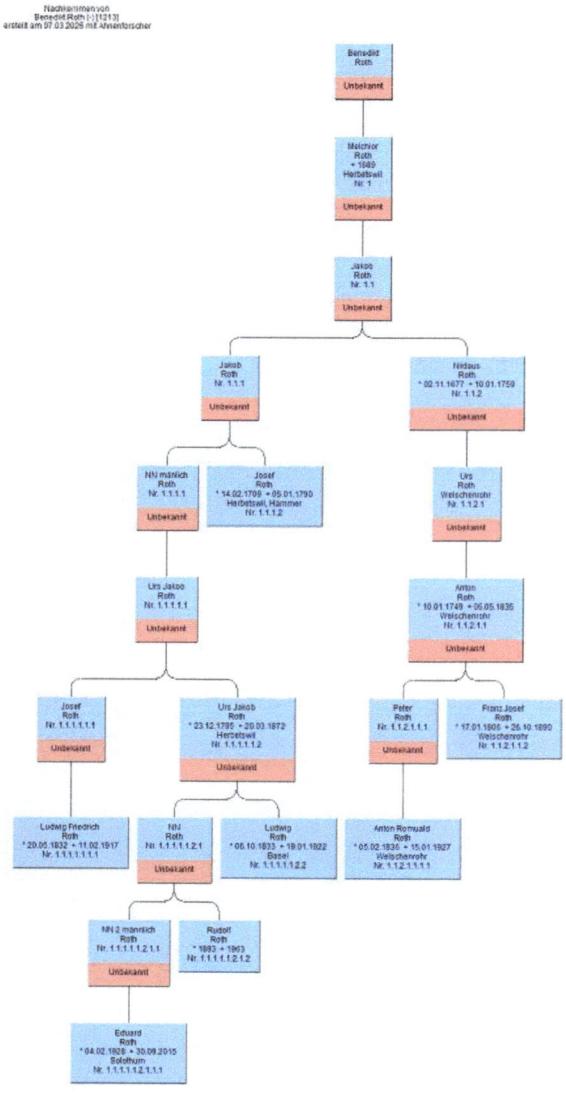

Abb. 63 Nachfahrenbaum (‚Stammbaum') von Benedikt Roth. ( )

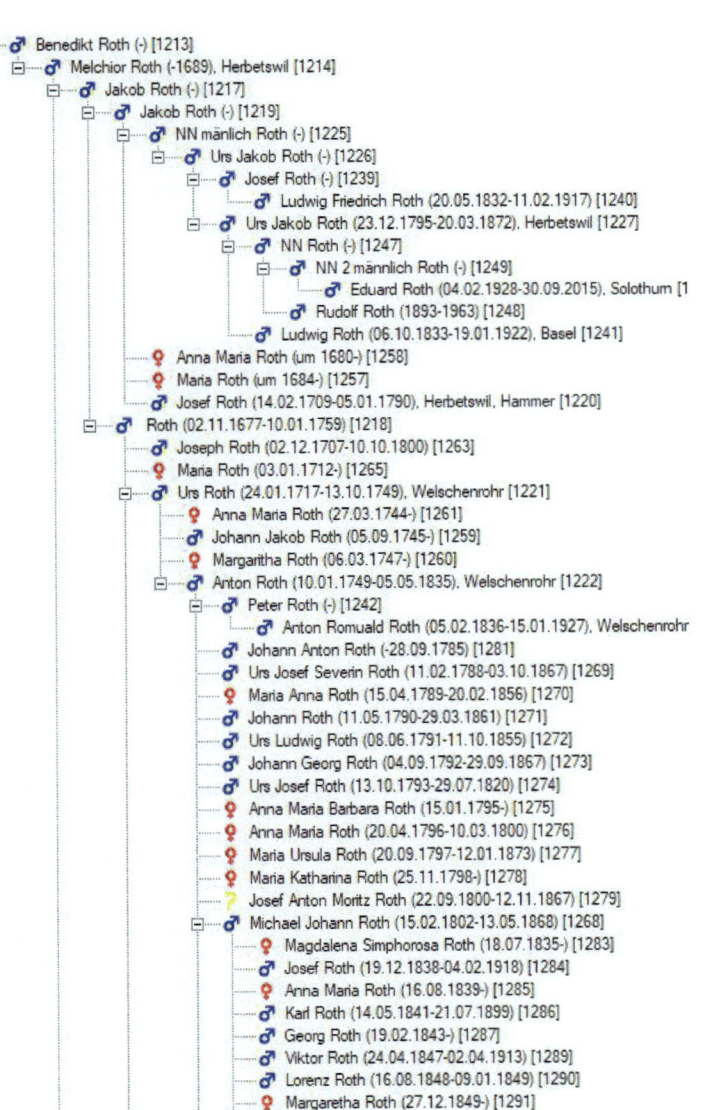

- ⚲ Benedikt Roth (-) [1213]
  - ⚲ Melchior Roth (-1689), Herbetswil [1214]
    - ⚲ Jakob Roth (-) [1217]
      - ⚲ Jakob Roth (-) [1219]
        - ⚲ NN mänlich Roth (-) [1225]
          - ⚲ Urs Jakob Roth (-) [1226]
            - ⚲ Josef Roth (-) [1239]
              - ⚲ Ludwig Friedrich Roth (20.05.1832-11.02.1917) [1240]
            - ⚲ Urs Jakob Roth (23.12.1795-20.03.1872), Herbetswil [1227]
              - ⚲ NN Roth (-) [1247]
                - ⚲ NN 2 männlich Roth (-) [1249]
                  - ⚲ Eduard Roth (04.02.1928-30.09.2015), Solothurn [1
              - ⚲ Rudolf Roth (1893-1963) [1248]
            - ⚲ Ludwig Roth (06.10.1833-19.01.1922), Basel [1241]
      - ♀ Anna Maria Roth (um 1680-) [1258]
      - ♀ Maria Roth (um 1684-) [1257]
      - ⚲ Josef Roth (14.02.1709-05.01.1790), Herbetswil, Hammer [1220]
    - ⚲ Roth (02.11.1677-10.01.1759) [1218]
      - ⚲ Joseph Roth (02.12.1707-10.10.1800) [1263]
      - ♀ Maria Roth (03.01.1712-) [1265]
      - ⚲ Urs Roth (24.01.1717-13.10.1749), Welschenrohr [1221]
        - ♀ Anna Maria Roth (27.03.1744-) [1261]
        - ⚲ Johann Jakob Roth (05.09.1745-) [1259]
        - ♀ Margaritha Roth (06.03.1747-) [1260]
        - ⚲ Anton Roth (10.01.1749-05.05.1835), Welschenrohr [1222]
          - ⚲ Peter Roth (-) [1242]
            - ⚲ Anton Romuald Roth (05.02.1836-15.01.1927), Welschenrohr
          - ⚲ Johann Anton Roth (-28.09.1785) [1281]
          - ⚲ Urs Josef Severin Roth (11.02.1788-03.10.1867) [1269]
          - ♀ Maria Anna Roth (15.04.1789-20.02.1856) [1270]
          - ⚲ Johann Roth (11.05.1790-29.03.1861) [1271]
          - ⚲ Urs Ludwig Roth (08.06.1791-11.10.1855) [1272]
          - ⚲ Johann Georg Roth (04.09.1792-29.09.1867) [1273]
          - ⚲ Urs Josef Roth (13.10.1793-29.07.1820) [1274]
          - ♀ Anna Maria Barbara Roth (15.01.1795-) [1275]
          - ♀ Anna Maria Roth (20.04.1796-10.03.1800) [1276]
          - ♀ Maria Ursula Roth (20.09.1797-12.01.1873) [1277]
          - ♀ Maria Katharina Roth (25.11.1798-) [1278]
          - ❓ Josef Anton Moritz Roth (22.09.1800-12.11.1867) [1279]
          - ⚲ Michael Johann Roth (15.02.1802-13.05.1868) [1268]
            - ♀ Magdalena Simphorosa Roth (18.07.1835-) [1283]
            - ⚲ Josef Roth (19.12.1838-04.02.1918) [1284]
            - ♀ Anna Maria Roth (16.08.1839-) [1285]
            - ⚲ Karl Roth (14.05.1841-21.07.1899) [1286]
            - ⚲ Georg Roth (19.02.1843-) [1287]
            - ⚲ Viktor Roth (24.04.1847-02.04.1913) [1289]
            - ⚲ Lorenz Roth (16.08.1848-09.01.1849) [1290]
            - ♀ Margaretha Roth (27.12.1849-) [1291]

Abb. 64 Nachfahrenbaum von Benedikt Roth erster Teil).

72

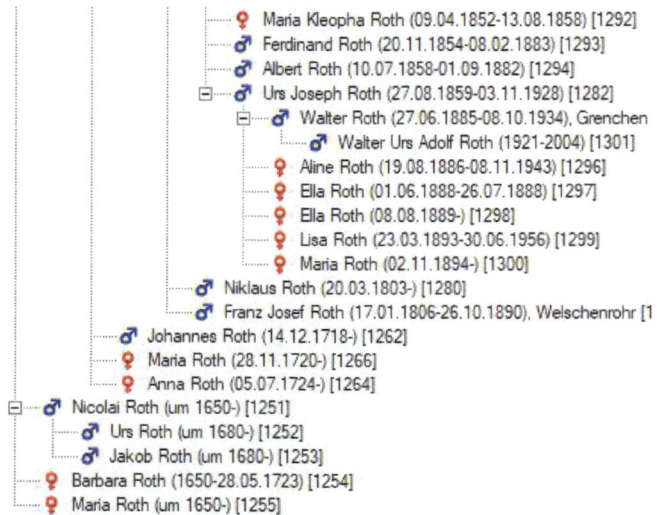

Maria Kleopha Roth (09.04.1852-13.08.1858) [1292]
Ferdinand Roth (20.11.1854-08.02.1883) [1293]
Albert Roth (10.07.1858-01.09.1882) [1294]
Urs Joseph Roth (27.08.1859-03.11.1928) [1282]
Walter Roth (27.06.1885-08.10.1934), Grenchen
Walter Urs Adolf Roth (1921-2004) [1301]
Aline Roth (19.08.1886-08.11.1943) [1296]
Ella Roth (01.06.1888-26.07.1888) [1297]
Ella Roth (08.08.1889-) [1298]
Lisa Roth (23.03.1893-30.06.1956) [1299]
Maria Roth (02.11.1894-) [1300]
Niklaus Roth (20.03.1803-) [1280]
Franz Josef Roth (17.01.1806-26.10.1890), Welschenrohr [1
Johannes Roth (14.12.1718-) [1262]
Maria Roth (28.11.1720-) [1266]
Anna Roth (05.07.1724-) [1264]
Nicolai Roth (um 1650-) [1251]
Urs Roth (um 1680-) [1252]
Jakob Roth (um 1680-) [1253]
Barbara Roth (1650-28.05.1723) [1254]
Maria Roth (um 1650-) [1255]

Abb. 65 Nachfahrenbaum von Benedikt Roth. (zweiter Teil)

4.3. Teilstamm „Schwarzbuben"

Wenn im Rat zu Solothurn von den ‚Schwarzbuben' die Rede war, nannte man diese väterlich „Die Unsrigen ennet Passwang und Wasserfallen".[14]

Das 'Schwarzbubenland' ist ein volkstümlicher Name der solothurnischen Amtei Dorneck-Thierstein, der 1865 erstmals belegt ist. Der Ausdruck 'Schwarzbuben' als Schimpfname für die Bevölkerung erscheint dagegen schon ab 1813. Die Bezeichung stammt vermutlich vom Verb 'schwärzen', d.h. schmuggeln, und entstand in der Revolutionszeit, als das Schwarzbubenland an Frankreich grenzte. Eher unwahrscheinlich ist die Herleitung von der schwarzen Bekleidung, der Konfession oder politischen Ausrichtung (Schwarzbubenfahne am Volkstag von Balsthal 1830). Das Schwarzbubenland umfasst alle Gebiete nördlich des Passwangs, die Solothurn im Verlauf des 15. und 16. Jh. durch Aufkauf von Rechten und Herrschaften oder gewaltsam erworben hat. Diese Gebiete wurden zusammengefasst zu den drei Vogteien Dorneck, Thierstein und Gilgenberg, im 19. Jh. zu den zwei Bez. Dorneck und Thierstein. Da die Jurakette das Schwarzbubenland vom südlichen Teil des Kantons trennt, richten sich dessen Wirtschaft und teilweise auch dessen Kultur nach Basel-Stadt und Basel-Landschaft aus.[92]

---

[92] Schenker Lukas, Schwarzbubenland, im HLS, Bd. 11, S. 265 (2012)

73

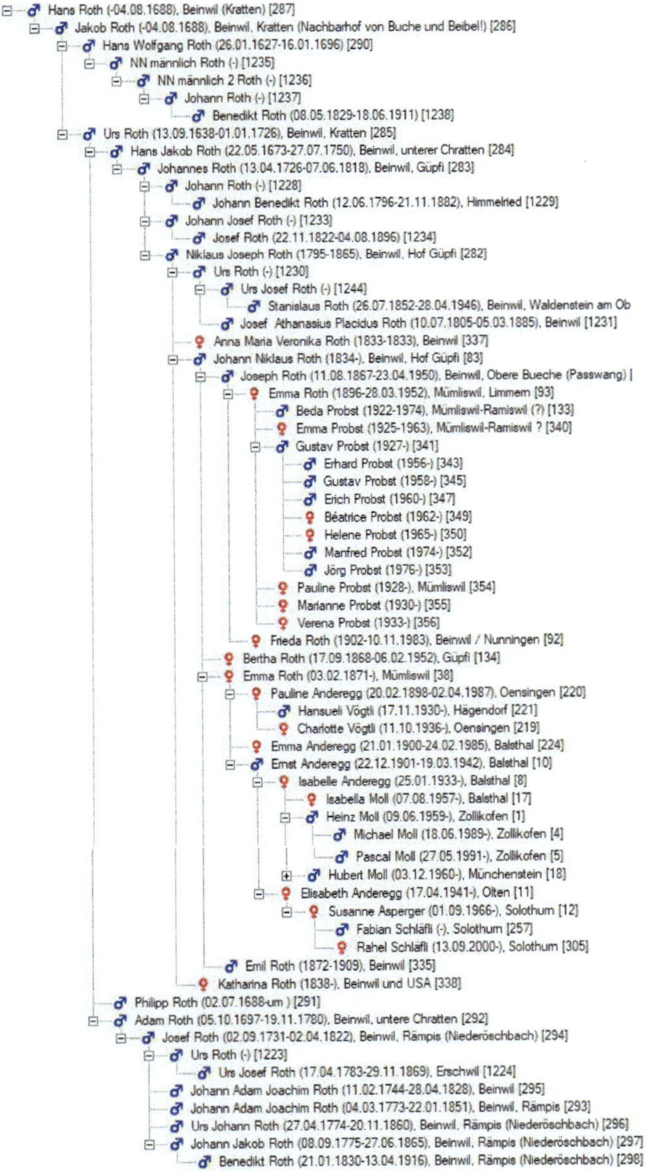

- Hans Roth (-04.08.1688), Beinwil (Kratten) [287]
  - Jakob Roth (-04.08.1688), Beinwil, Kratten (Nachbarhof von Buche und Beibel!) [286]
    - Hans Wolfgang Roth (26.01.1627-16.01.1696) [290]
      - NN männlich Roth (-) [1235]
        - NN männlich 2 Roth (-) [1236]
          - Johann Roth (-) [1237]
            - Benedikt Roth (08.05.1829-18.06.1911) [1238]
    - Urs Roth (13.09.1638-01.01.1726), Beinwil, Kratten [285]
      - Hans Jakob Roth (22.05.1673-27.07.1750), Beinwil, unterer Chratten [284]
        - Johannes Roth (13.04.1726-07.06.1818), Beinwil, Güpfi [283]
          - Johann Roth (-) [1228]
            - Johann Benedikt Roth (12.06.1796-21.11.1882), Himmelried [1229]
          - Johann Josef Roth (-) [1233]
            - Josef Roth (22.11.1822-04.08.1896) [1234]
          - Niklaus Joseph Roth (1795-1865), Beinwil, Hof Güpfi [282]
            - Urs Roth (-) [1230]
              - Urs Josef Roth (-) [1244]
                - Stanislaus Roth (26.07.1852-28.04.1946), Beinwil, Waldenstein am Ob
              - Josef Athanasius Placidus Roth (10.07.1805-05.03.1885), Beinwil [1231]
            - Anna Maria Veronika Roth (1833-1833), Beinwil [337]
            - Johann Niklaus Roth (1834-), Beinwil, Hof Güpfi [83]
              - Joseph Roth (11.08.1867-23.04.1950), Beinwil, Obere Bueche (Passwang) |
                - Emma Roth (1896-28.03.1952), Mümliswil, Limmern [93]
                  - Beda Probst (1922-1974), Mümliswil-Ramiswil (?) [133]
                  - Emma Probst (1925-1963), Mümliswil-Ramiswil ? [340]
                  - Gustav Probst (1927-) [341]
                    - Erhard Probst (1956-) [343]
                    - Gustav Probst (1958-) [345]
                    - Erich Probst (1960-) [347]
                    - Béatrice Probst (1962-) [349]
                    - Helene Probst (1965-) [350]
                    - Manfred Probst (1974-) [352]
                    - Jörg Probst (1976-) [353]
                  - Pauline Probst (1928-), Mümliswil [354]
                  - Marianne Probst (1930-) [355]
                  - Verena Probst (1933-) [356]
                - Frieda Roth (1902-10.11.1983), Beinwil / Nunningen [92]
              - Bertha Roth (17.09.1868-06.02.1952), Güpfi [134]
              - Emma Roth (03.02.1871-), Mümliswil [38]
                - Pauline Anderegg (20.02.1898-02.04.1987), Oensingen [220]
                  - Hansueli Vögtli (17.11.1930-), Hägendorf [221]
                  - Charlotte Vögtli (11.10.1936-), Oensingen [219]
                - Emma Anderegg (21.01.1900-24.02.1985), Balsthal [224]
                - Ernst Anderegg (22.12.1901-19.03.1942), Balsthal [10]
                  - Isabelle Anderegg (25.01.1933-), Balsthal [8]
                    - Isabella Moll (07.08.1957-), Balsthal [17]
                    - Heinz Moll (09.06.1959-), Zollikofen [1]
                      - Michael Moll (18.06.1989-), Zollikofen [4]
                      - Pascal Moll (27.05.1991-), Zollikofen [5]
                    - Hubert Moll (03.12.1960-), Münchenstein [18]
                  - Elisabeth Anderegg (17.04.1941-), Olten [11]
                    - Susanne Asperger (01.09.1966-), Solothurn [12]
                      - Fabian Schläfli (-), Solothurn [257]
                      - Rahel Schläfli (13.09.2000-), Solothurn [305]
              - Emil Roth (1872-1909), Beinwil [335]
            - Katharina Roth (1838-), Beinwil und USA [338]
        - Philipp Roth (02.07.1688-um) [291]
      - Adam Roth (05.10.1697-19.11.1780), Beinwil, untere Chratten [292]
        - Josef Roth (02.09.1731-02.04.1822), Beinwil, Rämpis (Niederöschbach) [294]
          - Urs Roth (-) [1223]
            - Urs Josef Roth (17.04.1783-29.11.1869), Erschwil [1224]
          - Johann Adam Joachim Roth (11.02.1744-28.04.1828), Beinwil [295]
          - Johann Adam Joachim Roth (04.03.1773-22.01.1851), Beinwil, Rämpis [293]
          - Urs Johann Roth (27.04.1774-20.11.1860), Beinwil, Rämpis (Niederöschbach) [296]
          - Johann Jakob Roth (08.09.1775-27.06.1865), Beinwil, Rämpis (Niederöschbach) [297]
            - Benedikt Roth (21.01.1830-13.04.1916), Beinwil, Rämpis (Niederöschbach) [298]

Abb. 66 Nachfahrenbaum von Hans Roth von Beinwil

4.4. Teilstamm Mümliswil

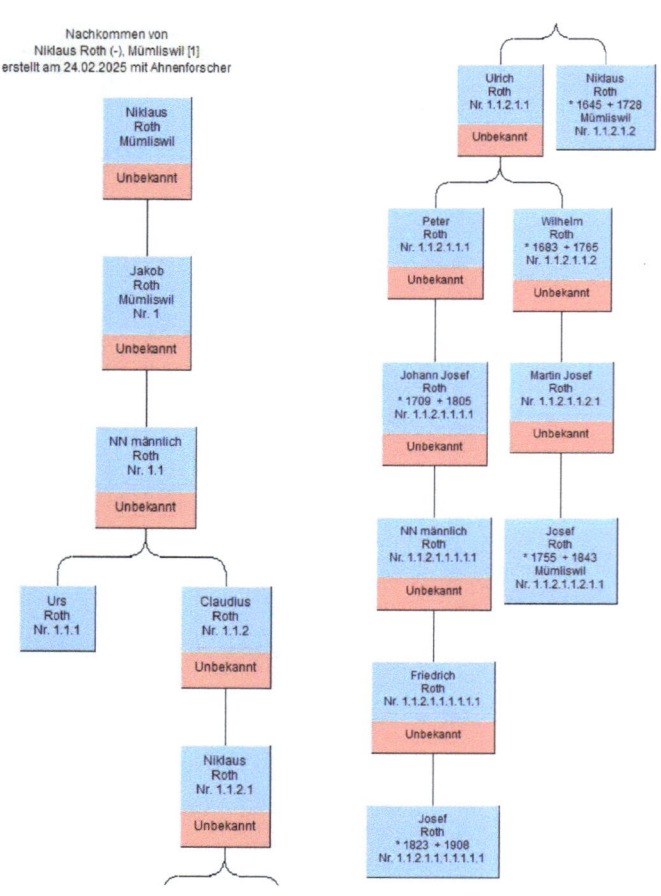

Abb. 67 Nachfahrenbaum (,Stammbaum' in der klassischen Darstellungsweise) von Niklaus Roth. Der rechte Teil ist beim linken Teil unten anzuhängen, wenn man die Abfolge der Generationen unterbruchslos darstellen möchte: Ulrich Roth (Nr. 1.1.2.1) ist der Vater von Ulrich (Nr. 1.1.2.1.1.) und Niklaus Roth (Nr. 1.1.2.1.2.)

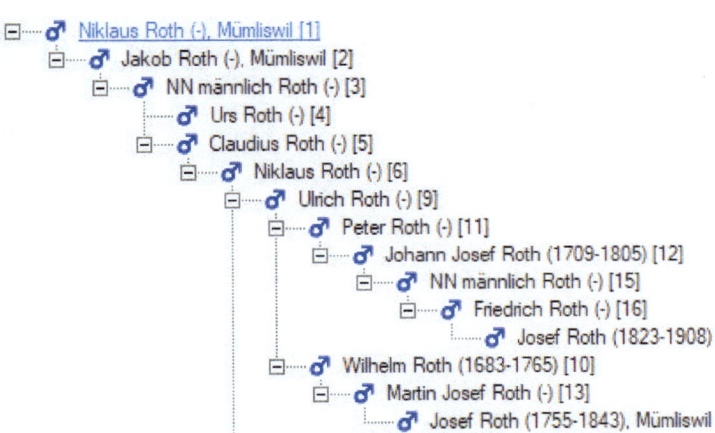

Abb. 68 Nachfahrenbaum von Niklaus Roth von Mümliswil

Abb. 69 Blick vom Chellenchöpfli (1157 m.ü.M.) Richtung Süden: In der Bildmitte links liegt Mümliswil. Im oberen Bildteil die beiden Juraketten, zwischen denen das solothurnische Thal liegt, wo viele Ehrenkleidträger ihren Wohnsitz hatten (s. Kapitel 4.2., ,Teilstamm Thal').[93]

---

[93] Foto: Toni Kaiser (Tourenplaner Schweiz)

5. Das Ehrenkleid und dessen Träger

„Die Pension für die Ehrenkleidträger bestand jährlich aus einem Malter Korn, einem Malter Haber, nebst 12 Franken. Dann alle zwei Jahre eine Kleidung, wozu in Natura verabfolgt wurden 3 Ellen scharlachroten und ebenso viele weissen Tuches; dann wurden in Geld bezahlt: Für Futter und Macherlohn 12 Fr. 5 Btz., für eine rote Kappe 5 Btz., für ein Paar Strümpfe 2 Fr. , für ein Paar Schuhe 3 Fr. 2 Btz.; zusammen 18 Fr. 3 Btz . Wenn das Kleid noch sauber war, wurden statt frisches Tuch 30 Fr. gegeben. Jetzt (1855) wird meistens das Geld bezogen, woraus dann die betreffende Kleidung angeschafft wird. Korn und Haber sind natürlich auch weggefallen."[94]

Es ist nicht nachzuweisen, seit wann die Stadt Solothurn den Nachkommen des Hans Roth das Ehrenkleid geschenkt hat, womit auch in der Schwebe bleibt, ob diese Ehrung bereits ihm selbst und seinen unmittelbaren Erben zuteilwurde. Der Brauch, besonders um die Stadt verdiente Landleute mit einem Rock oder einer Hose in den Standesfarben Rot/Weiss aus-zuzeichnen, ist an sich allerdings recht alt; die sehr detaillierten Seckel-meister-, d.h. Staatsrechnungen des 15. Jh. enthalten recht zahlreiche Einträge dieser Art. Umso mehr fällt es auf, dass unter diesen Beschenkten ein einziger Roth, der 1497 genannte Fridli Roth von Rumisberg, erscheint, und zwar ohne jede Bezugnahme auf die Rettungstat seines Vorfahren; es bleibt deshalb die Möglichkeit offen, dass dieser Fridli Roth die Gabe ganz persönlichen Verdiensten verdankte. Die erste unzweifelhaft sichere Nachricht über die Verleihung des Rothschen Ehrenkleides finden wir erst im Jahre 1538, über 150 Jahre nach der Mordnacht: «Min Herren haben Hansen Roten von Rumisperg ein Rock geschenkt von wegen das sine Vordren, als die Mordtnacht angesehen, die Warnung getahn». Leider fehlt dabei jeder Hinweis darauf, ob dieser Brauch damals neu eingeführt wurde, und was allenfalls die Gründe für seine Aufnahme waren, oder ob er schon seit längerer Zeit geübt wurde. Auf den ersten Blick müsste es etwas befremden, wenn unmittelbar nach den Glaubenskämpfen ausgerechnet eine Vergabung eingeführt worden wäre, die ja in erster Linie reformierten Bernern zugutekommen musste; anderseits haben wir genug andere Zeugnisse dafür, dass die scharfe konfessionelle Trennung erst mit der Gegenreformation einsetzte und auch dann nie so absolut war. So oder so haben wir uns damit abzufinden, dass die Frage nach dem Ursprung und Alter der Verleihung des Rothschen Ehrenkleides vorläufig ungelöst bleibt.[77]

Die ersten Träger des Rothschen Ehrenkleides, die dokumentarisch bezeugt sind, waren meistens Berner, und zwar stammten sie, mit Ausnahme des Hans Roth von Rumisberg, alle aus Attiswil, wohin sich offenbar die Nachkommenschaft des Helden der Mordnacht verpflanzt hatte. Mit der Verschärfung der konfessionellen Gegensätze scheint sich dann allerdings

---

[94] Amiet Xaver, Hans Roth von Rumisberg oder die Mordnacht von Solothurn 1382, Vaterländisches Schauspiel in fünf Abtheilungen (1855)

wachsender Widerspruch gegen die Verleihung des solothurnischen Ehrenkleides an bernische «Ketzer» erhoben zu haben. Schon 1557 beschloss der Rat, es solle «hinfür den Rotten uss Bernpiett dehein Rock mer werden, dann min Herren es den Iren wollen geben lassen». Dies setzt voraus, dass es damals auch auf solothurnischem Gebiet Nachkommen des Hans Roth gab, oder zum mindesten Leute, die als solche angesehen wurden. Ehrenkleidträger wurde denn auch ein Heini Roth von Matzendorf, aus einem Geschlecht Roth, das schon im 15. Jh. in Matzendorf und Aedermannsdorf erscheint. Ein urkundlicher Beweis für den Zusammenhang mit den Roth von Rumisberg liegt allerdings nicht vor, aber er erscheint nicht unwahrscheinlich, da die Roth ja nur die Schmiedenmatt zu übersteigen hatten, um von Rumisberg ins Thal zu gelangen. Immerhin scheint man die Verwandtschaft der Attiswiler Roth mit dem Stammvater doch als enger betrachtet zu haben, denn nach dem Tode jenes Heini Roth hatten die Räte ihren früheren Beschluss schon wieder vergessen und bedachten wiederum einen Attiswiler mit der rot-weissen Ehrenfarbe. Sogar auf dem Höhepunkt der Gegenreformation erwies sich die Überzeugung, dass den bernischen Roth der erste Anspruch auf das Ehrenkleid gebühre, als stärker denn die konfessionelle Spaltung: Erst 1612 erhielt zum letzten Mal ein Roth von Attiswil das Ehrenkleid.

Abb. 70 Blick über Rumisberg, Wiedlisbach und Wangen a.A. (von der Bildmitte nach oben).

Die Berechtigung der bernischen Roth zu der solothurnischen Ehrengabe erlosch dann dadurch, dass einer der ihren ins solothurnische Dörfchen Hubersdorf übersiedelte und katholisch wurde, wodurch sie sozusagen ihr Erstgeburtsrecht verloren und die konfessionellen und kantonalen Gesichtspunkte obenauf schwangen; nach dem Tode jenes letzten Attiswiler Ehrenkleidträgers wurde der rot-weisse Rock 1618 dem Küfer Hans Roth von Hubersdorf zugesprochen, obwohl er anscheinend kaum mehr als vierzig Jahre zählte, so dass also die direkte Abstammung von den Rumisberger Roth höher gewertet wurde als das Alter. Später änderte sich allerdings diese Einstellung; da sie im Allgemeinen kein hohes Alter erreichten, wurden aus dem Stamme von Hubersdorf nur noch zwei Glieder

Abb. 71 Grabstein des 50. Ehrenkleidträgers, Anton Romuald Roth von Welschenrohr

mit dem Ehrenkleid beschenkt, unter ihnen der Ehrenkleidträger Hans Wilhelm Roth in Biberist.[95]

Nutzniesser der Ausschliessung der Berner aus dem Kreis der zum Ehrenkleid berechtigten Roth wurden vor allem die Roth von Matzendorf / Aedermannsdorf, die sich nicht nur weit verbreiteten, sondern auch eine grosse Zahl sehr langlebiger Männer aufwiesen. Da diese Thaler Roth eine Vorliebe

---

[95] Sigrist Hans, Hans Roth von Rumisberg, im: Jahrbuch des Oberaargaus, Bd. 2, S. 140ff (1959)

für den Beruf des Sennen hegten, und dem entsprechend den den Hirten eigentümlichen Trieb zum Wandern in sich hatten, verzweigte sich ihr Geschlecht über die Jurakämme hinweg in verschiedene Gemeinden; die wichtigsten Nebenstämme wurden diejenigen von Herbetswil-Welschenrohr einerseits und Beinwil anderseits.

Abb. 72   Josef Roth-Dobler (1867-1950), Beinwil; 52. Ehrenkleidträger

Neben einer natürlichen Anlage zur Langlebigkeit erklärt diese Häufung allerdings auch der Umstand, dass in früheren Jahrhunderten die Nachricht vom Tode eines Ehrenkleidträgers sich nicht so schnell verbreitete und zudem auch die genealogischen Nachforschungen nicht so genau geführt wurden wie heute. Die Verwandten, die zuerst einen solchen Tod erfuhren, meldeten sich auch zuerst für die Nachfolge, so dass wohl mancher übergangen wurde, der vielleicht mehr Anrecht auf das Ehrenkleid gehabt hätte; einzelne Fälle, dass der wirklich Älteste unter den Roth durch einen Jüngern Mitbewerber ausgestochen wurde, sind sogar direkt nachweisbar. Ziemlich sicher ist auch, dass sogar ein ganzer Zweig von Roth ohne wirkliche Berechtigung zum Anspruch auf das Ehrenkleid gekommen ist, nämlich die Roth von Mümliswil. Ihr Stammvater Jakob Roth sass wie schon sein Vater Niklaus als Senn auf dem Berghof Hauberg zwischen Mümliswil und Langenbruck und stammte höchst wahrscheinlich viel eher von dem im benachbarten Reigoldswiler- und Waldenburgertal stark verbreiteten Baselbieter Geschlecht Roth ab als von den Roth von Rumisberg. Mit zäher Hartnäckigkeit erreichte er es aber, dass er, nachdem er zweimal als nicht berechtigt abgewiesen worden war, beim dritten Anlauf 1597 nicht nur für sich selbst das Ehrenkleid erwirkte, sondern auch seinen Nachkommen den Anspruch auf dieses Kleid sicherte. Da sich aus dieser Unsicherheit oft auch unliebsame Streitigkeiten und Zänkereien ergaben, erteilte die Regierung im Jahre 1822 der Staatskanzlei den Auftrag, einen vollständigen Stammbaum des zum Ehrenkleid berechtigten Geschlechtes Roth zu erstellen. Die heutige Praxis ist jedoch nach wie vor die, dass der Bewerber den Nachweis zu leisten hat, ein direkter Vorfahre habe bereits das Ehrenkleid getragen. [77]

Bis zur Mitte des 18. Jh. bildete das rot-weisse Kleid die einzige Ehrengabe, die der älteste Roth zu beanspruchen hatte, und zwar handelte es sich nicht einmal um eine ganze Kleidung, sondern meist um einen Rock oder Mantel, in einzelnen Fällen auch nur um ein Paar Hosen. Die Erweiterung der Ehrengabe scheint das Geschlecht dem Weibel Claus Roth von Welschenrohr zu verdanken, der 1750 das Rothsche Ehrenkleid zuge-sprochen erhielt. In seinem Weibeldienst hatte er sich während langen Jahrzehnten so treu und pflichteifrig erwiesen, dass er die besondere Gunst der Obrigkeit genoss und auch als Ehrenkleidträger bedeutend reichlicher bedacht wurde, als seine Vorgänger: statt eines blossen Rockes oder Mantels ein ganzes Kleid mit Kappe und Strümpfen, dazu eine jährliche Gabe von je ein Malter Korn und Hafer und 16 Pfund in Geld. Was zunächst nur als eine persönliche Zulage gedacht war, beanspruchten dann seine Nachfolger als legitimen Bestandteil ihrer Würde; seit 1780 wurde die Gabe sogar noch weiter vermehrt, indem der Ehrenkleidträger nicht nur einmal, sondern jedes zweite Jahr Anspruch auf ein Kleid hatte; vermutlich trug zu dieser Freigebigkeit zum guten Teil die allgemeine Schwärmerei für die vaterländische Geschichte und ihre Helden bei, die in der zweiten Hälfte des 18. Jh., im Zusammenhang mit der Aufklärung, die gebildeten Stände erfasste. Das 19. Jh. dachte dann wieder nüchterner und rechnerischer.

Aedermannsdorf		Hubersdorf
Attiswil		Matzendorf
Beinwil		Mümliswil
Erschwil		Rumisberg
Herbetswil		Welschenrohr

Abb. 73 Die Wappen der Gemeinden, in denen die meisten Träger des Rothschen Ehrenkleides Wohnsitz hatten. Mit Ausnahme von Attiswil und Rumisberg liegen diese alle im Kanton Solothurn.

Schon die Helvetik löste die Naturalgabe durch eine Geldentschädigung ab, doch kehrte die Mediationsregierung wieder zum alten Herkommen zurück. Dann machte wieder die Restaurationsregierung Anläufe, die Korn- und Hafer-Gabe in eine Pension in Geld umzuwandeln, was für den Staat günstiger war, da der Naturalwert blieb, der Geldwert dagegen unaufhörlich sank. Schliesslich setzte die Regenerationsregierung das lange Geplante in die Tat um. 1838 wurde die Getreidegabe, 1840 auch die mehrfache Abgabe des Ehrenkleides in Geld umgerechnet; da man dabei Minimalpreise zu Grunde legte, kam bloss die sehr bescheidene Summe von 65,90 alten Franken jährlich heraus. 1848 wurde dieser Betrag dann in neue Schweizerfranken umgerechnet, was die 94,15 Franken ergab, die die Ehrenkleidträger noch heute jährlich ausbezahlt bekommen, neben der einmaligen Abgabe eines vollständigen Ehrenkleides. Zufolge der Geldentwertung hat diese Pension heute nur noch symbolische Bedeutung, wie das rot-weisse Kleid selbst, das in so malerischer Weise die Erinnerung an die schon beinahe sechs Jahrhunderte zurückliegende Rettertat des Hans Roth von Rumisberg wachhält.[77]

Verzeichnis der bisher bekannten Träger des Hans Roth'schen Ehrenkleides

(Das erstgenannte Datum bezieht sich jeweils auf die Verleihung des Ehrenkleides) Jahrb. für Sol. Gesch. 1956, S. 252 (Staatsarchiv, Sign. 8516)

Nr.	Datum	Name	Vorname	Ortschaft	Geb.datum	Verstorben	Bemerkungen
1	1538, 11. Okt.	Roth	Hans	Rumisberg	??	??	
2	1548, 07. Dez.	Roth	Urs	Attiswil	??	??	
3	1557, 05. Apr.	Roth	Heini	Matzendorf	??	??	
4	1578, 24. Nov	Roth	Urs	Attiswil	??	??	
5	1583, 05. Aug.	Roth	Hans	Matzendorf	??	??	
6	1586, 04. Aug.	Roth	??	Attiswil	??	??	
7	1590, 13. Aug.	Roth	??	??	??	??	Jakob Roth v. Mümliswil = abgewiesen
8	1595, 01. Dez.	Roth	Urs	Attiswil	??	??	
9	1597, 06. Jun.	Roth	Jakob	Mümliswil	??	??	Sohn des Niklaus
10	1612, 12. Nov.	Roth	??	Attiswil	??	??	Ehrenkleid zum zweiten Mal
11	1618, 24. Jan.	Roth	Hans	Hubersdorf	??	1642, 01. Febr.	
12	1644, 07. Nov.	Roth	Urs	Mümliswil	??	1652, 31. Jul.	Enkel von Nr. 9
13	1652, 16. Sept.	Roth	Claudius	Mümliswil	??	??	Bruder von Nr. 12
14	1656, 04. Dez	Roth	Pankraz	Aedermannsdorf	??	1658, 25. Aor.	
15	1658, 01. Jul.	Roth	Jakob	Beinwil	??	1688, 04. Aug.	Neffe von Nr. 14
16	1688,06. Sept.	Roth	Melchior	Herbetswil	??	1689, 16. Okt.	Neffe von Nr. 14
17	1689, 28. Nov.	Roth	Hans Wolfgang	Beinwil	1627, 26. Jan.	1696, 16. Jan.	Sohn von Nr. 15
18	1696, 20. Feb.	Roth	Jakob	Mümliswil	1637, 10. Mai	1703, 17. Nov.	
19	1703, 10. Dez.	Roth	Hans	Mümliswil	1642, 5. Okt.	1719, 20. Aug.	Vetter von Nr. 18
20	??	Roth	Urs	Beinwil	1638, 13. Sept.	1726, 01. Jan.	Sohn von Nr.15, Bruder von Nr.17
21	1726, 18. Feb.	Roth	Niklaus	Mümliswil	1645, 22. Dez.	1728, 30. Mär.	Enkel von Nr. 13
22	1728, 09. Jun.	Roth	Urs	Nunningen	1665, 15. Apr.	??	Enkel von Nr. 14
23	1743, 21.Jan.	Roth	Hans Jakob	Beinwil	1673, 22. Mai	1750, 27. Juli.	Sohn von Nr. 20
24	1750, 12. Aug.	Roth	Niklaus	Welschenrohr	1677, 02. Nov.	1759, 10. Jan.	Enkel von Nr. 16

Abb. 74   Verzeichnis der bisher bekannten Träger des Rothschen Ehrenkleides (I.)

83

Nr.							
25	1759, 04. Jul.	Roth	Wilhelm	Mümliswil	1683, 18. Mär.	1765, 16. Mär.	Urenkel von Nr. 13
26	1765, 22. Apr.	Roth	Philipp	Erschwil	1688, 02. Jul.	??	Sohn von Nr. 20, Bruder von Nr. 23
27	1769, 15. Mär.	Roth	Adam	Beinwil	1697, 05. Okt.	1780, 19. Nov.	Sohn von Nr. 20, Bruder von Nr. 23 + 26
28	1780, 27. Nov.	Roth	Josef	Herbetswil	1709, 14. Feb.	1790, 05. Jan.	Neffe von Nr. 24
29	1790, 12. Aar.	Roth	Johann Josef	Mümliswil	1709, 22. Nov.	1805, 17. Aug.	Neffe von Nr. 25
30	1805, 20. Nov.	Roth	Johannes	Beinwil	1726, 13. Apr.	1818, 07. Jun.	Sohn von Nr. 23
31	1818, 01. Juli	Roth	Josef	Beinwil	1731, 02. Sept.	1822, 02. Apr.	Sohn von Nr. 27
32	1822, 02. Okt.	Roth	Johann Ad. Joachim	Beinwil	1744, 11. Feb.	1828, 28. Apr.	Sohn von Nr. 27, Bruder von Nr. 31
33	1828, 28.Juli	Roth	Anton	Welschenrohr	1749, 10. Jan.	1835, 8. Mai	Enkel von Nr. 24
34	1835, 27. Juli	Roth	Josef	Mümliswil	1755, 19. Okt.	1843, 22. Jan.	Enkel von Nr. 25
35	1843, 19. Apr.	Roth	Johann Ad. Joachim	Beinwil	1773, 04. März	1851, 23. Jan.	Sohn von Nr. 31
36	1851, 15. Juli	Roth	Franz Josef	Hubersdorf	1772, 20. Mai	1853, 04. Juni	Nachkomme von Nr. 11
37	1854, 04. Jan.	Roth	Urs Johann	Beinwil	1774, 27. Apr.	1860, 20. Nov.	Sohn von Nr. 31, Bruder von Nr. 35
38	1861, 20. Mär.	Roth	Johann Jakob	Beinwil	1775, 8. Sept.	1865, 27. Juni	Sohn von Nr. 31, Bruder von Nr. 35 + 37
39	1865, 8. Sept.	Roth	Urs Josef	Erschwil	1783 17. Aor.	1869, 29. Nov.	Neffe von Nr. 31 + 32
40	1870, 25. Apr.	Roth	Urs Jakob	Herbetswil	1795, 23. Dez.	1872, 20. März	Enkel eines Bruders von Nr. 28
41	1872, 03. Apr.	Roth	Johann Benedikt	Beinwil	1796, 12. Juni	1882, 21. Nov.	Urenkel von Nr. 20
42	1883, 30. Jan.	Roth	Josef Ath. Placidus	Beinwil	1805, 10. Juli	1885, 05. März	Urenkel von Nr. 20, Vetter von Nr. 41
43	1885, 15. Mai	Roth	Franz Josef	Welschenrohr	1806, 17. Jan.	1890, 26. Okt.	Sohn von Nr. 33
44	1891, 31. Jan.	Roth	Josef	Beinwil	1822, 22. Nov.	1896, 04. Aug.	Urenkel von Nr. 20
45	1896, 06. Okt.	Roth	Josef	Mümliswil	1823, 30. Jan.	1908, 16.Juli	Urenkel von Nr. 29
46	1908, 20. Nov	Roth	Benedikt	Mümliswil	1829, 8. Mai	1911, 18. Juni	Urenkel von Nr. 17
47	1911, 21.Juli	Roth	Benedikt	Beinwil	1830, 20. Jan.	1916, 13. April	Sohn von Nr. 38
48	1916, 10. Jun	Roth	Ludwig Friedrich	Herbetswil	1832, 20. Mai	1917, 11. Febr.	Neffe von Nr. 40
49	1917, 10. Apr.	Roth	Ludwig	Herbetswil	1833, 06. Okt.	1922, 19. Jan.	Sohn von Nr. 40; Grossonkel von 62.
50	1922, 1. Mär.	Roth	Anton Romuald	Welschenrohr	1836, 05. Feb.	1927, 15. Jan.	Enkel von Nr. 33
51	1927, 18. Feb.	Roth	Stanislaus	Beinwil	1852, 26.Juli	1946, 28. Apr.	Neffe von Nr. 42
52	1946, 26. Jul.	Roth	Josef	Beinwil	1867, 11. Apr.	1950, 23. Apr.	Urenkel von Nr. 30
53	1950, 06. Jun.	Roth	Wilhelm Hans Heinrich	Bellach	1868, 31. Jan.	1962, 07. Jan.	Ururenkel des Grossvaters von Nr. 36; Urgrossvater von SR Franziska Roth

Abb. 75 Verzeichnis der bisher bekannten Träger des Rothschen Ehrenkleides (II.)

Nr.							
54	1962, 23. Mär	Roth	Josef	Beinwil	1875, 18. Dez.	1962, 21. Mai	
55	1962, 15. Juni	Roth	Beda Emil	Beinwil	1882, 15. Dez.	1971, 27. Mai	
56	1971, 27. Aug.	Roth	Werner	Herbetswil/Lohn	1885, 05. Aug.	1972, 05. Jan.	
57	1972, März	Roth	Adolf	Beinwil	1889, 15. Dez.	1982, 03. Dez.	
58	1983, 01.Feb.	Roth	Rudolf	Herbetswil	1893, 23. März	1983, 19. April	
59	1983, 27. Jun.	Roth	Walter	Gerlafingen	1906, 24. Jan.	1994, 15. April	
60	1994, 20. Juni	Roth	Hans	Welschenrohr	1914, 22. Febr.		Demission per 30. Juni 2000
61	2000, 1.Juli	Roth	Marcel	Büsserach	1923, 12. Aug	09. Mai 08	RRB Nr. 1302 vom 19.6.2000
62	01. Jan 09	Roth	Eduard	Herbetswil	04. Feb 28	30.09.2015	Onkel Rudolf (Nr. 58) Grossonkel Ludwig (Nr. 49), aus dem Stamm der Matzendorfer Roth, Zweig der Herbetswiler Roth); wohnhaft in Solothurn
63	30. Mär 16	Roth	Hanspeter	Herbetswil	1951		Wohnort: Langendorf

Abb. 76   Verzeichnis der bisher bekannten Träger des Rothschen Ehrenkleides. (III). Basis für das Verzeichnis bildet die entsprechende Liste bei Sigrist.[94]

Abb. 77 Hans Roth, geb. 1914, Welschenrohr, 60. Ehrenkleidträger. Er hat per 30. Juni 2000 demissioniert.

P. P.

Es lag im Ratschlusse Gottes, des Allmächtigen, unseren lieben und unvergesslichen Vater, Grossvater, Schwiegervater, Bruder, Schwager und Onkel

Josef Roth-Dobler

Träger des Hans Rothschen Ehrenkleides
ab Ober-Buchen

heute morgens 7 Uhr, unerwartet rasch, versehen mit den Tröstungen unserer hl. Religion, im 83. Altersjahre, zu sich in die ewige Heimat abzuberufen.

Wir bitten, dem lieben Verstorbenen ein gutes Andenken zu bewahren und seiner im Gebete zu gedenken.

OBER-BEINWIL (Ober-Buchen), den 23. April 1950.

Die tieftrauernden Hinterlassenen:

Emma u. Beda Probst-Roth u. Kinder, Mümliswil;
Frieda u. Otto Saner-Roth u. Kinder,
Ober-Buchen, Beinwil;
Bertha u. Arnold von Arx-Roth, Beinwil;
Wwe. Emma Anderegg-Roth, Balsthal
und Anverwandte.

Die Beerdigung findet statt:
Mittwoch, den 26. April 1950, vorm. $9^1/_2$ Uhr in Beinwil
Abgang beim Trauerhaus 8 Uhr.

Siebenter: Dienstag, den 2. Mai, $7^1/_2$ Uhr.
Dreissigster: Dienstag, den 16. Mai, $9^1/_2$ Uhr.

JÖGER, BREITENBACH

Abb. 78 Todesanzeige von Josef Roth-Dobler.

87

Abb. 79   Marcel Roth-Hell (1923-2008), Büsserach; 61. Ehrenkleidträger

Abb. 80   Eduard Roth (1928-2015), Solothurn ; 62. Ehrenkleidträger

Abb. 81 Hanspeter Roth, Langendorf; 63. Ehrenkleidträger

Abb. 82 Ist der berühmte Vorfahre der Ehrenkleidträger wirklich rückwärts nach Solothurn marschiert oder hat er seine Schuhe verkehrt herum angezogen? – Diese Frage wird man wohl nie definitiv beantworten können. [Bild: SRF, Andy Fischli]

6. Der Hans Roth-Waffenlauf (1954-2008)

Die Episode der Geschichte um Hans Roth lebte alljährlich durch den Hans Roth-Waffenlauf wieder auf, welcher u.a. auf Initiative der beiden Rumisberger Adj Uof Krebs Hans und Four Schneeberger Alfred im Jahre 1954 durch den Unteroffiziersverein (UOV) Wiedlisbach gegründet wurde.

Abb. 83 Auf dem Rückweg von Solothurn (Wendepunkt beim Baslertor) nach Wiedlisbach über den Wallierhof, wo sich jeweils auch die Juniorinnen und Junioren sowie die andern Zivilläufer ins Feld der Waffenläufer mischten, wurde jeweils noch einmal Durchhaltevermögen gefordert.[96]

Im November 1952 wurde auf Drängen von Kameraden des UOV Biel in Wiedlisbach eine Gründungsversammlung abgehalten, woran 17 Unteroffiziere teilnahmen. - Drei der damaligen Vorstandsmitglieder arbeiteten gemeinsam in einer kleineren Firma in Solothurn und konnten dort täglich ihre Vereinsprobleme diskutieren und weitere Pläne schmieden. So erinnerte man sich auch an den früheren Hans-Roth-Leichtathletiklauf, mit Start in Wiedlisbach und Ziel in Solothurn, der schon seit Jahren nicht mehr bestand, und in der Folge wurde die Organisation eines Militär-Gedenklaufes im Vorstand diskutiert.[96]

Der erste und zweite Lauf fanden über Rumisberg – Günsberg – Solothurn – Attiswil – Wangen a. .A. Schiessstand (3 Schuss Schiessen) – Wiedlisbach statt. Von 1954 bis 1990 führte die Route des historischen Waffenlaufes via Oberbipp nach Rumisberg um den Hans Roth-Brunnen, welcher der höchste

[96] Ziegler, Schneeberger A., 25 Jahre Hans Roth-Waffenlauf in Wiedlisbach, im Jb. des Oberaargaus 1978, S. 93 (1979)

Punkt der Wegstrecke bildete. 1991 beschloss der UOV, den Lauf zu verkürzen, denn von den elf Schweizer Waffenläufen verzeichnete der "Wiedlisbacher" den grössten Teilnehmer-Rückgang. Mit der Streckenkürzung von 30,5 Kilometer auf 26,5 Kilometer konnte der Teilnehmerrückgang gestoppt werden. Bedauerlich war jedoch, dass seither damals das Denkmal des Hans Roth in Rumisberg nicht mehr angelaufen wurde.

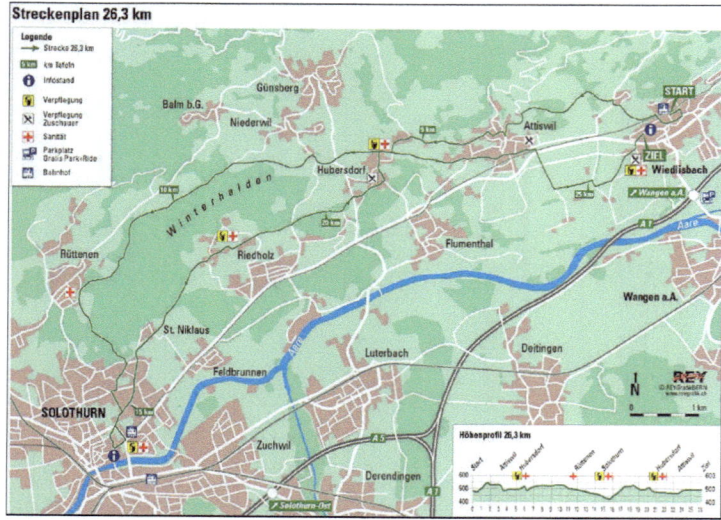

Abb. 84 Der Streckenplan (ab 1991) des Hans Roth-Waffenlaufs.[97]

Abb. 85 Die Strecke von Wiedlisbach nach Solothurn und Zurück verläuft sozusagen im ‚blühenden Frühling'.

---

[97] Bild / Foto: Hans-Roth (Wiedlisbach) – [waffenlauf.ch]

7. Verteilung des Familiennamens 'Roth' in der Schweiz

'Roth' ist ein in der Schweiz sehr verbreiteter Familienname, weshalb es noch vor einigen Jahren rund 7140 Telefon-bucheinträge gab. (Quelle: Twixtel von Twix AG ®; Stand: November 2018) zum Namen 'Roth'. Die Einträge im Telefonbuch sind jedoch mittlerweile durch die verstärkte Mobilfunknutzung stark rückläufig. Zudem lassen viele Festnetz-Telefon-abonnenten ihre Nummern aus Datenschutzgründen sperren. Die tatsächliche Anzahl der Personen namens 'Roth' liegt daher noch um einiges höher, zumal aus den Telefoneinträgen nicht abgeleitet werden kann, wie viele Personen denselben Anschluss benützen.

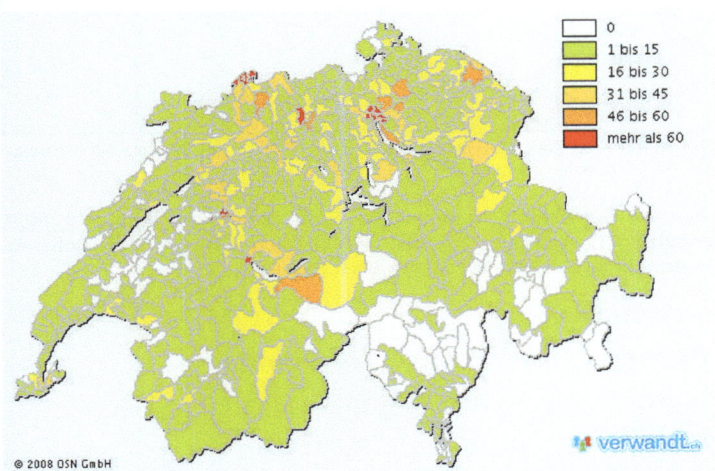

© 2008 OSN GmbH

Abb. 86 Absolute Verteilung des Namens ROTH in der Schweiz [Stand: Januar 2018; [Quelle: www.verwandt.de].

Eine sehr konkrete Übersicht liefert jedoch die folgende Tabelle:

Sprachregion	Anzahl	Häufigkeit	Rang
Deutsch	10302	17*	20.
Rätoromanisch	19	8*	227.
Französisch	1111	5*	123.
Italienisch	108	3*	377.

Abb. 87 Heutige Verbreitung von *Roth* gemäss Bundesamt für Statistik (ständige Einwohnerzahl; * = pro 10'000 Einwohner).[87]

Abb. 88 Die regionale Verbreitung des Namens 'Roth' in der Schweiz auf der Basis der Zahlen in Abb. XX[98]

Liste der Gemeinden, in denen die ‚Roth' bereits <u>vor dem Jahr 1800</u> eingebürgert wurden. (Quelle: Familiennamenbuch der Schweiz [Historisches Lexikon der Schweiz (HLS)]

Nordwestschweiz

Name	Kanton	Gemeinde
Roth	AG	Birr
Roth	AG	Buchs
Roth	AG	Dürrenäsch
Roth	AG	Erlinsbach
Roth	AG	Kaiserstuhl
Roth	AG	Linn
Roth	AG	Murgenthal
Roth	AG	Mühlethal
Roth	AG	Unterentfelden
Roth	AG	Zetzwil

---

[98] Grafiken und Tabelle: familiennamen.ch

Roth	BL	Oberdorf
Roth	BL	Reigoldswil
Roth	BS	Basel
Roth	SO	Beinwil
Roth	SO	Bellach
Roth	SO	Breitenbach
Roth	SO	Erschwil
Roth	SO	Flumenthal
Roth	SO	Herbetswil
Roth	SO	Nunningen
Roth	SO	Welschenrohr

Zentralschweiz

Roth	LU	Buttisholz
Roth	LU	Dagmersellen
Roth	LU	Ebersecken
Roth	LU	Entlebuch
Roth	LU	Fischbach
Roth	LU	Gettnau
Roth	LU	Hergiswil bei Willisau
Roth	LU	Ruswil
Roth	LU	Wolhusen
Roth	LU	Zell
Roth	ZG	Walchwil

Romandie

Roth	JU	Alle
Roth	JU	Cornol
Roth	JU	Delémont
Roth	FR	Ependes
Roth	VS	Saxon
Roth	VS	Steg
Roth	VS	Wiler (Lötschen)

Ostschweiz

Roth	AR	Bühler
Roth	AR	Teufen
Roth	GR	Fürstenau
Roth	GR	Langwies
Roth	GR	Lüen
Roth	GR	Pagig
Roth	GR	Peist
Roth	TG	Eschenz
Roth	TG	Halden
Roth	TG	Kesswil
Roth	TG	Roggwil
Roth	TG	Wigoltingen
Roth	ZH	Dorf
Roth	ZH	Embrach
Roth	ZH	Kloten

Roth	SG	Brunnadern
Roth	SG	Degersheim
Roth	SG	Ebnat
Roth	SG	Ganterschwil
Roth	SG	Hemberg
Roth	SG	Kappel (Toggenburg)
Roth	SG	Kirchberg
Roth	SG	Mogelsberg
Roth	SG	Nesslau
Roth	SG	Oberhelfenschwil
Roth	SG	Rorschach
Roth	SG	St. Peterzell
Roth	SG	Stein (Toggenburg)
Roth	SG	Vilters
Roth	SG	Wattwil
Roth	SH	Guntmadingen

[Quelle: http://www.hls-dhs-dss.ch/famn/index.php]
Familiennamenbuch der Schweiz; (Schulthess Polygraphischer Verlag, Zürich 1989)

Das Familiennamenbuch der Schweiz enthält in der amtlichen Schreibweise die Namen der Geschlechter, die 1962 in einer schweizerischen Gemeinde das Bürgerrecht besassen. Einzelpersonen sind nicht aufgenommen worden, da diese zufolge Tod, Verheiratung usw. oft nur kurze Zeit im Familienregister figurieren.
Nach dem Familiennamen folgen innerhalb der alphabetisch geordneten Kantone

- die Namen der Heimatgemeinden (Bürgergemeinden) in der amtlichen Schreibweise.
- das Jahr der Verleihung des Bürgerrechtes. Ist dieses unbekannt, so ist der Zeitabschnitt vermerkt, in dem das Bürgerrecht erworben wurde: "vor 1800", "im 19. Jh." oder "zwischen 1901-1962".
- die Herkunft.
  Bei Schweizern ist der frühere Bürgerort in Klammern aufgeführt. Bei eingebürgerten Ausländern ist der frühere Heimatstaat angegeben. Es

werden die im allgemeinen Schriftverkehr üblichen Abkürzungen verwendet.

Ein Stern (*) bedeutet, dass die Herkunft nicht bekannt ist oder dass das Bürgerrecht auf Grund besonderer gesetzlicher Bestimmungen (Adoption, Scheidung usw.) besteht.

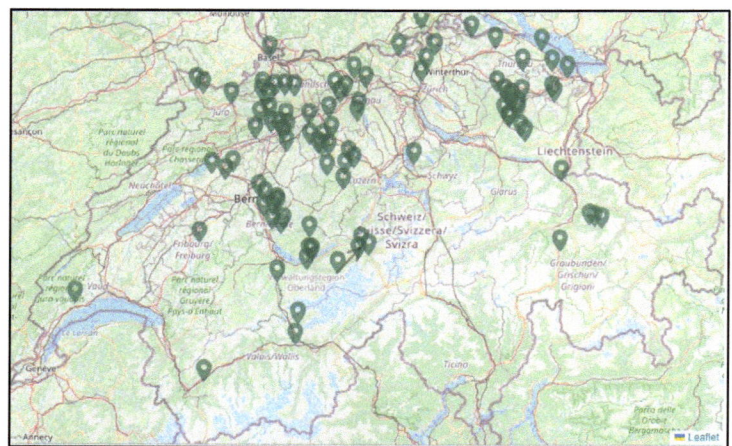

Abb. 89 Die Verbreitung des Namens 'Roth' in der Schweiz bis 1799.[97]

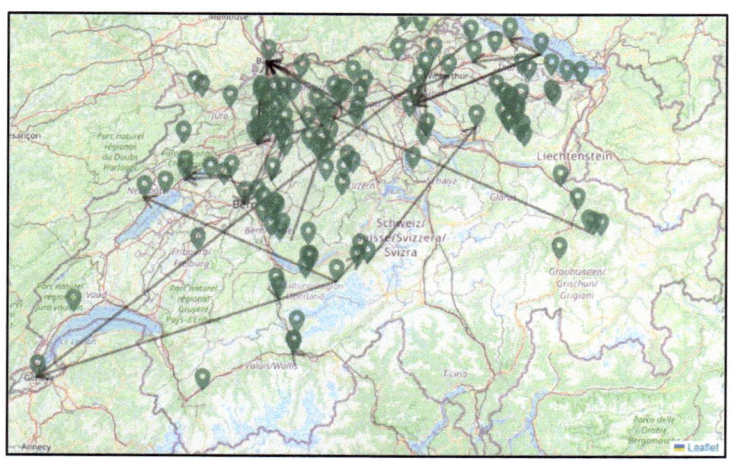

Abb. 90 Die Verbreitung des Namens 'Roth' in der Schweiz von 1800 bis 1799.[97]

8. Das Familienwappen

Obwohl sich das vorliegende Werk primär mit der Geschichte und Genealogie der «solothurnischen» Nachkommen von Hans Roth befasst, werden unter diesem Kapitel auch die Wappen derjenigen Roth-Familien aufgeführt, die im benachbarten Teil des Kantons Bern angesiedelt sind.

Die Unterschiede zeigen sich eigentlich nur in Äusserlichkeiten, die Symbolik bleibt sich gleich: Es ist die Symbolik der roten Rose.

8.1. Roth von Solothurn

Abb. 91 Das solothurnische Roth-Wappen: In Silber auf grünem Dreiberg rote Rose mit rotem Stiel und zwei roten Blättern [Quelle: [99]]

8.2. Roth aus dem Kanton Bern

Abb. 92 Das Rothsche Wappen, bernische Variante: In Silber golden besamte rote Rose mit grünen Kelchblättern, grünem Stiel und zwei grünen Blättern [StA BE].

---

[99] Wappen der Bürger von Solothurn – Herausgegeben von der Bürgergemeinde der Stadt Solothurn, 1937

8.3. Roth von Kammersrohr SO

Abb. 93 Das Wappen Roth von Solothurn, ehemals von Kammersohr SO: Geviertet, 1 und 4 in Rot, 2 und 3 in Silber rote Blume. [Quelle: 98]

Kammersohr ist sowohl von seiner Fläche als auch von der Einwohnerzahl her die kleinste Gemeinde des Kantons Solothurn. Das Wappen der von dieser Gemeinde abstammenden Roth-Familien wird hier aufgeführt, weil Kammersrohr an Attiswil BE und Hubersdorf SO grenzt, beide Ortschaften, in denen Ehrenkleidträger gelebt haben. Verwandtschaftliche Beziehungen zwischen den betreffenden Roth-Familien können aus der Sicht des Autors deshalb nicht ausgeschlossen werden und sind sogar sehr wahrscheinlich. Somit ist es auch durchaus möglich, dass die Familien des «Lebern-Teilstamms» der Roth das hier gezeigte Wappen geführt haben.

8.4. Roth von Welschenrohr SO

Abb. 94 Das Wappen der Roth von Welschenrohr: Schräglinks geteilt von Rot und Silber, in gewechselten Farben zwei golden besamte Rosen mit grünen Kelchblättern. [Quelle: Marie-Hélène Roth, 2024 / wappensammlung.ch]

8.5. Weitere Wappen-Varianten

Die Familien mit den folgenden Wappen haben keine bis dato bekannten direkte Verbindungen zu den Nachkommen von Hans Roth. Es sind vertiefte genetische Abklärungen notwendig, um eine eventuelle weit zurückliegende familiäre Verwandtschaft zu belegen. Aufgrund der geografischen Nähe der Heimatorte dieser Roth-Familien können gemeinsame Wurzeln nicht kategorisch ausgeschlossen werden.

Abb. 95 Roth von Reigoldswil BL: In Gold über golden besamten, roten Rose mit grünen Kelchblättern zwei sechsstrahlige, blaue Sterne.
[Quelle: Liestal, Staatsarchiv Basel-Landschaft.]

Abb. 96 Roth von Niederbipp BE: In Silber blauer Rechtsschrägwellenbalken begleitet von zwei golden besamten, roten Rosen mit grünen Kelchblättern.
[Quelle: Bern, Staatsarchiv Bern]

Abb. 97 Roth von Inkwil BE: In Silber drei golden besamte, rote Rosen (2, 1) mit grünen Kelchblättern.
[Quelle: Bern, Staatsarchiv Bern]

Abb. 98 Roth von Hermiswil BE: In Silber golden besamte, rote Rose mit grünen Kelchblättern, grünem Stiel und grünen Blättern.
[Quelle: Bern, Staatsarchiv Bern]

Abb. 99 Roth von Berken BE: In Gold drei golden besamte, rote Rosen (2, 1) mit grünen Kelchblättern.
[Quelle: Bern, Staatsarchiv Bern]

Abb. 100 Das Wappen der Roth von Wangen a.A. *mit* Zunftangehörigkeit: In Rot silberner Rechtsschrägbalken mit drei golden besamten, roten Rosen mit grünen Kelchblättern [Quelle: Burgerbibliothek Bern]

Abb. 101 Das Wappen der Roth von Wangen a.A. *ohne* Zunftangehörigkeit: In Rot silberner Linksschrägbalken mit drei roten Rosen [Burgerbibliothek Bern]

Eine vollständig vom Motiv der roten Rose abweichende Variante findet man für die Basler Roth:

Abb. 102 Das Wappen der Roth von Basel, ehemals von Solothurn: In Blau zwei gekreuzte, silberne Fischerstacheln mit goldenem Schaft, überdeckt von silbernem Kreuz besetzt mit goldenen Lilie. [Quelle: Wappenbuch der Stadt Basel Herausgegeben von Wilhelm Richard Staehelin (1892-1956), Zeichnungen von Carl Roschet (1867-1925)].

Abb. 103 Die Wappen der Roth im bernischen Wappenbuch[100]

[100] Stettler Wilhelm, 1643-1708, Bernisches Wappenbuch Burgerbibliothek Bern, Signatur: Mss.h.h.XVI.135

9. Familienstammbäume

9.1. Auffindung von Daten: Personen, Geburts-, Heirats- und Todesdaten

Die einfachste Art, zu solchen Daten zu gelangen, ist die Nachfrage bei verwandten Personen. Dabei sollte man immer daran denken, dass mit jeder älteren Person, die verstirbt, wieder eine mögliche Quelle versiegt, die über die Familiengeschichte hätte Auskunft geben können.

Die Erfahrung zeigt auch, dass das Wissen über deren Geschichte von der einen Familie zur anderen sehr stark differiert: Während bei den einen gut gehütete und aktualisierte Stammbäume bestehen, fehlt bei anderen schon das Wissen um die Namen und Lebensdaten der Urgrosseltern. Hilfe findet man in diesen Fällen z.B. auf Zivilstandsämtern, die (allerdings meist nur gegen Bezahlung) auf konkrete Nachfrage hin Kopien aus den Zivilstandsbüchern und Bürgerfamilienregistern erstellen (vgl. *Abb 103*).

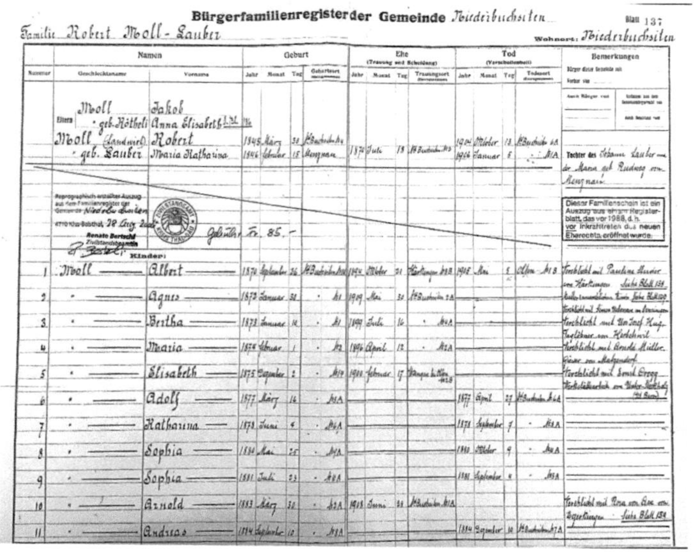

Bürgerfamilienregister der Gemeinde Niederbuchsiten Blatt 137

Familie Robert Moll - Lauber Wohnort: Niederbuchsiten

Nummer	Geschlechtsname	Vorname	Geburt Jahr	Monat	Tag	Geburtsort	Ehe Jahr	Monat	Tag	Trauungsort	Tod Jahr	Monat	Tag	Todesort	Bemerkungen
Eltern	Moll / geb. Röthели	Jakob / Anna Elisabeth													
	Moll (Landwirt)	Robert	1845	März	31	N'Buchsiten	1870	Juli	18	N'Buchsiten	1904	Oktober	18	N'Buchsiten	
	geb. Lauber	Maria Katharina	1846	Oktober	15	Kestenholz					1926	Januar	6		Tochter des Johann Lauber
Kinder:															
1	Moll	Albert	1870	September	26	N'Buchsiten	1896	Oktober	21	Härkingen	1918	Mai	5		
2	"	Agnes	1873	Januar	31		1909	Mai	31	N'Buchsiten					
3	"	Bertha	1873	Januar	14		1899	Juli	16						
4	"	Maria	1874	Februar	1		1896	April	13						
5	"	Elisabeth	1875	Dezember	2		1900	Februar	17						
6	"	Adolf	1877	März	16						1877	April	27	N'Buchsiten	
7	"	Katharina	1878	Juni	4						1878	September	7		
8	"	Sophia	1880	Mai	25						1880	Oktober	9		
9	"	Sophia	1881	Juli	23						1881	September	4		
10	"	Arnold	1883	März	30		1908	Juni	11	N'Buchsiten					
11	"	Andreas	1884	September	10						1884	Dezember	10	N'Buchsiten	

Reprographisch erstellter Auszug aus dem Familienregister der Gemeinde Niederbuchsiten. 4710 Klus-Balsthal, 28. Aug. Renate Bertschi, Zivilstandsbeamtin. Gebühr Fr. 85.-

Dieser Familienschein ist ein Auszug aus einem Registerblatt, das vor 1988, d.h. vor Inkrafttreten des neuen Eherechts, eröffnet wurde.

Abb. 104 Auszug aus dem Bürgerfamilienregister der Gemeinde Niederbuchsiten SO

Eine weitere Möglichkeit, die allerdings in der Regel mit einem grossen Zeitaufwand verbunden ist, ist der Besuch im Staatsarchiv des Kantons. Das Staatsarchiv bewahrt gemäss § 7. Abs. 1 des Archivgesetzes vom 25. Januar 2006 (BGS 122.51) die archivwürdigen amtlichen Dokumente der Behörden auf.

Auskünfte über Archivbestände werden in der Regel kostenlos erteilt. Bei aufwändigen Nachforschungen wird der Zeit- und Arbeitsaufwand verrechnet (aktuell 175 Franken pro Stunde für wissenschaftliche Nachforschungen, 95 Franken pro Stunde für nichtwissenschaftliche Nachforschungen gemäss der Weisung über den Vollzug des Gebührentarifs vom 29. Juni 1993). – Das Staatsarchiv des Kantons Bern bietet seine Bestände jedoch auch digital an:
www.query.sta.be.ch/archivplansuche.aspx?ID=37

9.2. Datenbanken und Darstellung von Stamm- und Nachfahrenbäumen

Es gibt eine ganze Reihe von Möglichkeiten, Familienstammbäume darzustellen.

Die einfachste Variante ist das Zeichnen eines Stammbaumes von Hand. Dies bietet sich vor allem für einfachere Stammbäume an und solche, die vom bzw. von der Zeichnenden noch mit Dekorationen versehen werden möchten, die das Bild der Vorfahren ansehnlicher gestalten.

Wird ein Stammbaum komplexer, bietet sich heute die Nutzung einer dafür geeigneten Software an. Eine gute Software verfügt über die Möglichkeit Fotos einzubinden, Ahnen- und Nachfahrentafeln auszudrucken und verfügt zudem über eine sogenannte Gedcom-Schnittstelle, die den Datenaustausch von Programm zu Programm ermöglicht.

Ein gutes Beispiel dafür ist «Ahnenblatt", entwickelt von Dirk Böttcher; im Handel seit 2001 (läuft nur unter Windows): diese bietet die Möglichkeit zur Einbindung von Fotos und verfügt über eine Gedcom-Schnittstelle. Preis: 39,00 €; zu beziehen über: www.ahnenblatt.de

Die vom Autor bis dato verwendete Software "Ahnenforscher" von R. Schlauri: http://www.ahnenforscher.ch/ war bis vor kurzem das wohl verbreitetste Programm unter Schweizer Forschern. Leider gibt es jedoch keine regelmässigen Updates mehr. - "Ahnenforscher" ist an und für sich ein einfach zu benutzendes Programm für die Ahnenforschung. Man kann damit unter anderem

- Forschungsdaten eingeben, ändern und auf vielfältige Weise darstellen
- Vorfahren- und Nachkommen-Darstellungen und Grafiken erstellen
- komplette Webseiten mit Ihren Forschungsdaten erstellen und an interessierte Personen weitergeben oder auf dem Internet publizieren
- Statistiken zu Ihren Daten sich anzeigen lassen

Das „Handbuch Ahnenforscher 2000» ist im Internet immer noch einsehbar:
ahnenforscher.ch/download/handbuch.pdf

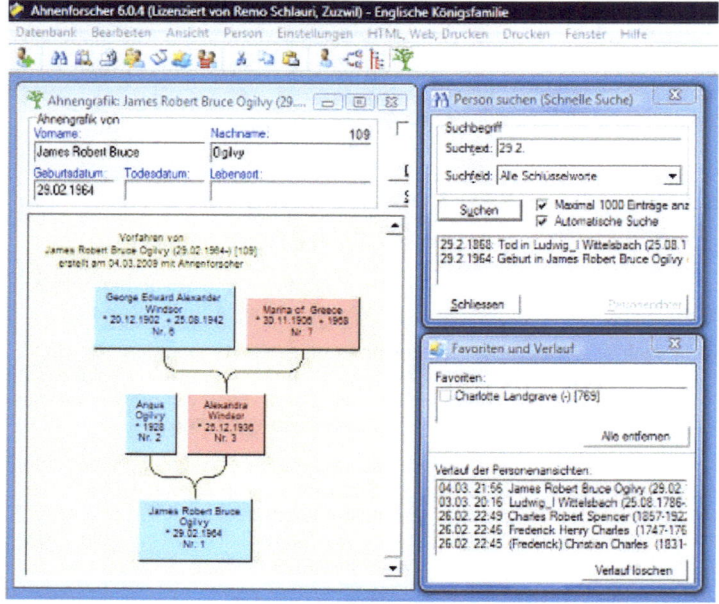

Abb. 105 Bildschirmpräsentation der Software "Ahnenforscher"

Die folgende Liste zählt eine Reihe von für die Verwaltung von genealogischen Daten geeignete Computer-Software auf, jedoch ohne Anspruch
auf Vollständigkeit:

Windows-Programme[100]
Ages! V2.0
Ahnenblatt 4.2 (als Alternative zum ‚Ahnenforscher')
Ahnenforscher 7.0
Ancestral Quest 16
Ancestry online
Der Stammbaum 10
Family Tree Maker 21.0
FamilySearch online
Geneanet online
Gramps 5.2
MyHeritage Family Tree Builder 8.0
Stammbaumdrucker 8.0

MAC-Programme[100]
Ancestral Quest 16
Ancestry online
FamilySearch online
Geneanet online
Gramps 5.2
MacStammbaum 11
Reunion 14

Linux- und Derivate-Programme[101]
Ancestry online
FamilySearch online
Geneanet online
Gramps 5.2

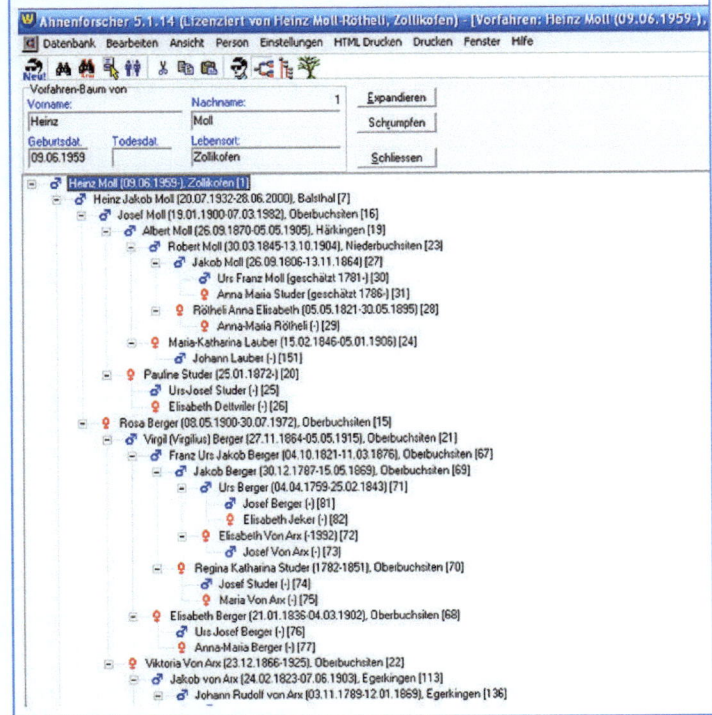

Abb. 106 Ausschnitt einer Vorfahrenbaum-Darstellung im Listenformat mit der
Software "Ahnenforscher".

[101] ghgb.ch/forschung-software.html

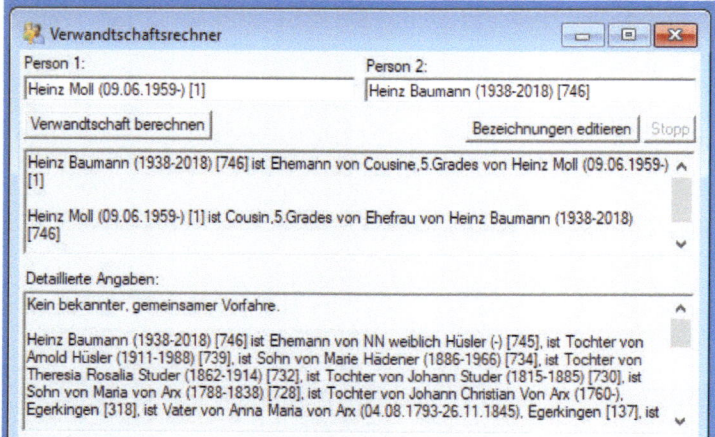

Abb. 107 Ausschnitt einer „Verwandschaftsrechnung" mit der Software
"Ahnenforscher".

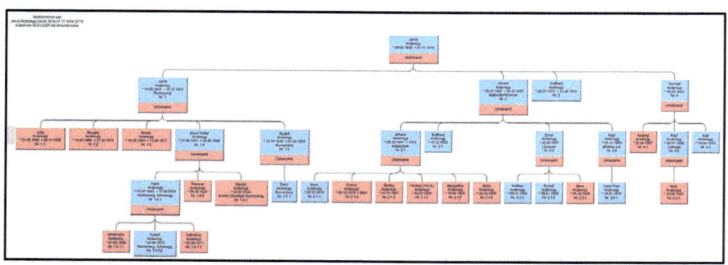

Abb. 108 Ausgedruckte Stammbaum-Darstellung mit der Software "Ahnenforscher".
Hellblau koloriert sind männliche Personen, rosa die weiblichen.

10. Ihr eigener Stammbaum

Falls dieses Buch bei Ihnen Interesse gefunden hat, Sie den Namen "Roth"
tragen, aus dem solothurnischen Jura oder dem bernischen Bipperamt
stammen und Sie an weiteren Angaben zu Ihren genealogischen Wurzeln
interessiert sind, bin ich als Autor gerne bereit, Ihnen aus meiner
umfangreichen Datenbank detaillierte Angaben zu übermitteln. Dazu
benötige ich möglichst genaue Angaben zu Ihrem Zivilstand, namentlich
Geburtsdatum und –ort und Heimatgemeinde sowie mit Vorteil die Ihnen
bereits bekannten Namen und Lebensdaten Ihrer Vorfahren der letzten
Generationen.

Sie können mir diese Daten per Post oder, noch einfacher, per Mail zukommen lassen. Sie finden meine aktuellen Koordinaten im Internet unter www.themollfamily.com oder auch im Telefonbuch.

Ob NamensträgerIn "Roth" oder nicht: Ich hoffe, in Ihnen als Lesende/n mit dem vorliegenden Werk die Neugier für Ihre Vorfahren geweckt zu haben, falls Sie nicht schon über einen Stammbaum verfügen, der aufzeigt, wo Sie Ihre familiengeschichtlichen Wurzeln haben. In jedem Fall wünsche ich Ihnen viel Vergnügen bei der weiteren Pflege Ihrer genealogischen Daten oder gar der Erstellung eines neuen Stammbaums!

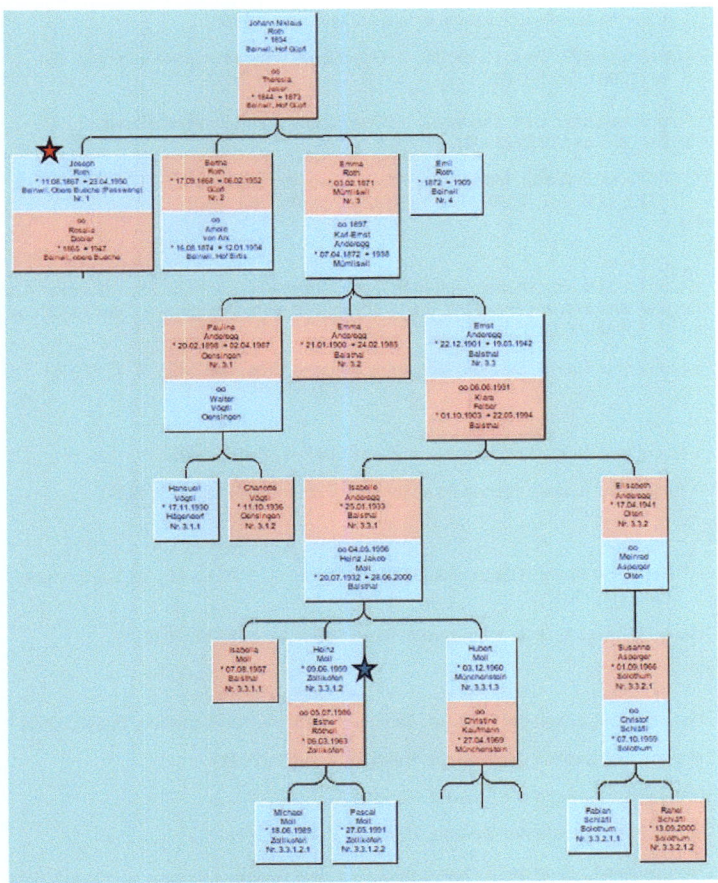

Abb. 109 Stamm- bzw. Nachfahrenbaum des Autors (*). Joseph Roth (oben links, markiert mit rotem Stern) war der 52. Träger des Rothschen Ehrenkleides.

Literaturverzeichnis

A

[N] Amiet Bruno, Solothurnische Geschichte, Bd. 1, S. 117ff, 163ff, 167ff, 284ff, 304ff und 363ff, Staatskanzlei des Kantons Solothurn (1952) N = 8, 15, 16, 23

[N] Amiet Bruno, Sigrist Hans. Solothurnische Geschichte, Bd. 2, S. 182ff, 199, 244, 266, 328, 436f, 518ff und 532f, Staatskanzlei des Kantons Solothurn (1976) N = 25, 29, 32, 33

[20, 21, 93] Amiet Xaver, Hans Roth von Rumisberg oder die Mordnacht von Solothurn 1382, Vaterländisches Schauspiel in fünf Abtheilungen (1855)

[14] Autorenkollektiv, Das Guldental – Geschichte von Mümliswil-Ramiswil, Bd. 1, S. 16 (2008) 35, 54, 68

[66] Autorenkollektiv, Das Guldental – Geschichte von Mümliswil-Ramiswil, Bd. 2, S. 207, 256 und 265ff (2008)

[67, 76, 81] Allemann Walter, Meier Otto, 800-Jahrfeier Welschenrohr, S. 17, 88, 92ff, 110, 122, 126f, 137, 159ff, 170f, 190f, 220, 226 und 259 (1979)

B

[39] Backman Ylva, Fankhauser Andreas, Lanz Christian, Gräber in Welschenrohr aus der Zeit des Franzoseneinfalls; in: Jahrbücher der Archäologie und Denkmalpflege im Kt. Solothurn. (2015)

[50] Baumgartner Rudolf, Das bernisch-solothurnische Urbar von 1423, S. 72 (1938)

F

[1] Freiburghaus Ruth, Wiedlisbach – Idyll am Jurafuss, S. 15 (1976)

[22, 59] Feser Paul Ludwig, Reisen im schönen Solothurnerland, S. 215 (1989)

G

[6, 10, 13] Geuenich Dieter, Geschichte der Alemannen, S. 10ff; Verlag W. Kohlhammer, Stuttgart (2005)

[41] Genoud François, Siebnerkonkordat, im HLS, Bd. 11, S. 618ff (2012)

H

[11] Historisches Lexikon der Schweiz, Band 1, S. 175ff; Verlag Schwabe, Basel (2002)

[27] Historisches Lexikon der Schweiz, Band 11, S. 587ff (2012)

[26] Historisches Lexikon der Schweiz, Band 3, S. 795 (2004)

[27] Historisches Lexikon der Schweiz, Band 13, S.420 (2014)

[31] Historisches Lexikon der Schweiz, Band 2, S. 90ff (2003)

[34, 42] Historisches Lexikon der Schweiz, Band 11, S. 587ff (2012)

L

[86] Loertscher Gottlieb, Die Kunstdenkmäler des Kantons Solothurn, S. 117 (1957)

M

[3] Moll Heinz J., Herkunft und Geschichte der Moll-Familien im Kanton Solothurn, S. 137 (2019)

N

[37] Nabholz Hans, Kläui Paul, Quellenbuch zur Verfassungsgeschichte der Schweizerischen Eidgenossenschaft und der Kantone, (1940)

S

[5] Schaffer Fritz, Abriss der Schweizer Geschichte, S.11ff; Verlag Huber, Frauenfeld (1972)

[91] Schenker Lukas, Schwarzbubenland, im HLS, Bd. 11, S. 265 (2012)

[44] Schmid Gabrielle, Aedermannsdorf SO, in: Lexikon der schweizerischen Gemeindenamen (2005)

[17, 94] Sigrist Hans, Hans Roth von Rumisberg, im: Jahrbuch des Oberaargaus, Bd. 2, S. 136f (1959)

[19, 77] Sigrist Hans, Hans Roth von Rumisberg, im: Jahrbuch des Oberaargaus, Bd. 2, S. 34ff, 45ff und 69f (röm.) und S. 138f (1959)

[99] Stettler Wilhelm, 1643-1708, Bernisches Wappenbuch Burgerbibliothek Bern, Signatur: Mss.h.h.XVI.135

T

[7] Thürer Georg, Bundesspiegel: Geschichte und Verfassung der Schweizerischen Eidgenossenschaft, S. 10; Artemis Verlags-AG, Zürich (1964)

V

[45] Vogt Albert, 700 Jahre Aedermannsdorf – 1308-2008, S. 205f (2008)

[60] Vogt Albert, Herbetswil; im HLS, Band 6, S. 287 (2007)

W

[53] Walter Max, Ortsgeschichtliches über Mümliswil-Ramiswil, S. 34f (1937)

Z

[95] Ziegler, Schneeberger A., 25 Jahre Hans Roth-Waffenlauf in Wiedlisbach, im Jb. des Oberaargaus 1978, S. 93 (1979)

Autor/in nicht ad personam bekannt:

[40] focusterra.ethz.ch/sonderausstellungen/archiv/tambora und das jahr ohne sommer.html
[46] Falkensteiner Urbare, Staatsarchiv Solothurn
[47] Staatsarchiv Solothurn, Pfarrbuch Matzendorf 1626-1695
[49] attiswil.ch (Kleine Dorfchronik)
[51] Staatsarchiv des Kantons Bern, Kirchenbücher von Oberbipp (online-Digitalisat)
[52] Basler Chroniken V, S. 252. (1895)
[58] Ratsmanual Solothurn, Bd. 41, S. 26 (1623)
[62] hubersdorf.ch
[65] matzendorf.ch
[69] rumisberg.ch
[71] Staatsarchiv des Kantons Bern, Kirchenbücher von Oberbipp (online-Digitalisat)
[72] Ratsmanuale von Solothurn, Bd. 77, S. 90 (1573) [Quelle StA SO]
[73] welschenrohr.ch
[74, 88] amsagrenchen.com
[78] Staatsarchiv Solothurn, Ganten & Steigerungen 1848 – 1770, Bd. III, N°5, 15, u. 22]
[80] Staatsarchiv Solothurn, Inventar & Teilung 1771 – 1813 Band II
[84] Zivilstandsamt Kreis Thal-Gäu, Bürgerfamilienregister
[85] Staatsarchiv Solothurn, Hypothekenbuch, N° 69 und 710
[87] Staatsarchiv Solothurn, Inventar & Teilungen Welschenrohr 1867 – 1872, N° 19 vom 25. Jänner 1869, Band B 15
[89] SHAB Nr. 205 vom 9. August 1910
[90] SHAB Nr. Nr. 205 vom 9. August 1910 und Nr. 284 vom 3. Dezember 1918
[97] familiennamen.ch
[98] Wappen der Bürger von Solothurn – Herausgegeben von der Bürgergemeinde der Stadt Solothurn, 1937
[100] ghgb.ch/forschung-software.html